U0594640

哈佛学生最喜欢的

思维游戏

《学生悦读文库》编写组　编著

江西教育出版社
JIANGXI EDUCATION PUBLISHING HOUSE

图书在版编目（ＣＩＰ）数据

哈佛学生最喜欢的思维游戏 / 《学生悦读文库》编写组编著. -- 南昌：
江西教育出版社，2013.11
（学生悦读文库）
ISBN 978-7-5392-7191-0

Ⅰ．①哈… Ⅱ．①学… Ⅲ．①智力游戏－青年读物②智力游戏－少年读物
Ⅳ．①G898.2

中国版本图书馆CIP数据核字(2013)第260711号

哈佛学生最喜欢的思维游戏
HAFO XUESHENG ZUI XIHUAN DE SIWEI YOUXI

《学生悦读文库》编写组　编　著

江西教育出版社出版
（南昌市抚河北路291号　邮编：330008）
各地新华书店经销
北京彩虹伟业印刷有限公司印刷
710mm×1000mm　　16开本　　12.5印张　　字数150千字
2014年1月第1版　　2019年8月第2次印刷
ISBN 978-7-5392-7191-0
定价：36.00元

赣教版图书如有印制质量问题，请向我社调换　电话：0791-86705984
投稿邮箱：JXJYCBS@163.com　　　　　电话：0791-86705643
网址：http://www.jxeph.com

赣版权登字-02-2013-334

目录

第一讲　哈佛帮你——临危不乱急中生智

目录

第二讲　哈佛帮你——解放思想创新思维

第三讲　哈佛帮你——发散思维开阔思路

第四讲　哈佛帮你——举一反三类比推理

第五讲　哈佛帮你——头脑风暴集思广益

第一讲

哈佛帮你——临危不乱急中生智

急中生智的演员

乔蒂百货举办了一台圣诞晚会，其中一个节目中有两位职工饰演一对夫妻。可是这两名职工之间最近有一些不愉快，其中一个人心胸比较狭窄，就想趁着表演的时候让另一个人出丑。剧情中有一段是他把一张写有台词的手稿交给另一个人来念，可是，当表演进行到这里的时候，他偷偷地将这张手稿换成了一张空白的纸，然后装模作样地交给了另一个人。另一个人接过手稿就发现了这个情况，可是这时来不及去换真正的手稿了，台下的观众都在等着他继续下面的表演呢。

这可怎么办呢？很快他急中生智，想出一个办法，不仅能让自己脱离这个尴尬的境况，还让那个试图让自己出丑的人自食其果。

★大显身手★

请你想一想，他到底用了什么办法？

他看了一眼那张纸，就对着第一个人说："亲爱的，你忘了我的视力有点问题，不能在昏暗的灯光下读文字吗？你看这里的亮度这么差，还是请你代替我来读吧。"说完这句话，他便把那张空白的纸递给了第一个人。

塞西尔侦探与抢劫犯

　　塞西尔侦探正在协助警察缉拿一伙在逃的抢劫犯。一天，塞西尔来到一家黑风旅馆，发现旅馆老板的几个朋友正是被通缉的抢劫犯。这些人都不认识塞西尔，也没有人注意到他。塞西尔决定用电话通知警察局，为了不打草惊蛇，聪明的塞西尔假装在和女友通电话："亲爱的格瑞丝！我是塞西尔，昨晚不舒服，没有陪你去剧院，现在好些了，多亏黑风旅馆的服务生上次帮我买的药。亲爱的，为了我们共同的生活目标，我会努力的，今天我在这里向你道歉，请你不要生气，今晚我会尽快赶去你家，到时再向你道歉！"

　　那些家伙听到塞西尔侦探在电话中说的这番情话全都大笑起来。可是10分钟后，警察局的警员们忽然出现在黑风旅馆，将这些抢劫犯全部抓住了。

★大显身手★

你知道塞西尔侦探是怎么向警察局传递信息的吗?

塞西尔侦探有时捂紧话筒,有时松开手,这样,警察局就收到了塞西尔如下"间歇式"的情报:"我是塞西尔……现在……黑风旅馆……目标……在这里……尽快赶来……"

3

骑士的难题

奥布里是一名骑士,一天他和村里的人在聊天。另一名刚从外地游历回来的村民巴泽尔正巧路过,谈起他在各地的见闻,大家都听得津津有味。巴泽尔忽然建议道:"只有我一个人说多没趣,还是我们大家一起来谈谈吧,我特别希望奥布里也说说他的见闻。"

奥布里见巴泽尔直指其名,也不甘示弱,便说道:"想要我说些什么呢?"

"在莫西森林里,我曾经遇到过一名骑士,他提出来的一个问题,把我难住了。"巴泽尔说,"奥布里,你能解决这个难题吗?"

"请说出来听听。"奥布里回答说。巴泽尔说,骑士出的题目是这样的：一年秋天，他和几名士兵在莫西森林里被敌人围困住了，敌人的兵力远远胜过他们，敌方从南北两面合围过来。如果己方与之交手，不需要多长时间，他们就会被敌方全部消灭。在这种情况下，这名骑士和这几名士兵如何才能逃脱被歼的命运？

奥布里想了一下，问道："这名骑士与几名士兵身上有没有带火种？"巴泽尔回答道："当然，火种是士兵作战时的必备之物。"

奥布里说："那就很好解决了。这名骑士与士兵们只要一字排开，然后将脚下的枯草点燃，这样森林里就会起火。"巴泽尔反问："那这样这些士兵们不是也没有生路，与敌人一起葬身火海了？"

"不会的，"奥布里解释说，"通常情况下，在莫西森林，秋天就一直刮北风，风向会使大火快速向南边蔓延，如此便使南面的敌军无法进攻，为了保命，南面的敌军只能快速撤退。"

"可是北面也有敌军，即使只有北面的敌军也足以快速歼灭那名骑士和几名士兵。"巴泽尔又说。奥布里继续说道："森林里着起了大火，并随着风向迅速向南推进，大火过处会留下一片刚刚烧过的灰烬之地，那名骑士和士兵们可以沿着灰烬逃跑。"

"可是北面的敌军也可以沿着灰烬追赶啊？"巴泽尔继续追问道。

奥布里接着又说出了一番话，巴泽尔听后若有所悟地说："这果然是个突围的好办法。"

★大显身手★

如果你是奥布里，你会怎么回答巴泽尔最后的问题呢？

"有这种可能。不过这片灰烬地越变越大，大家分开逃跑可以分散敌军，而且虽然火势已退，灰烬地上仍然有浓烟，浓烟会影响敌军的视线，在混乱中使他们无法看清逃遁的士兵，这名骑士和士兵们还是有机会钻空子逃跑的，总还是有一线生机。"

4

幸运的詹姆斯

在一片宽阔的海面上，詹姆斯驾船出海，却与敌国战船相遇。敌方战船大，而詹姆斯只驾驶一艘小型战船。詹姆斯知道自己的船火力和射程都远不及敌方，于是命令舵手马上掉转船头逃走。

敌方船长看到詹姆斯掉头，并不急于追赶。他觉得只要自己加大火力，一定可以摧毁对方。因此他悠闲地抽完手上的雪茄，一边很随意地下了道命令，让炮手向詹姆斯的小船猛烈开炮。詹姆斯一面命令水手用尽全力向前划，一面命令士兵尽力用尾炮还击。眼看詹姆斯的船就要被敌方追上，情况非常危急。

可是，忽然之间，奇迹发生了，敌船竟然越来越远了。詹姆斯及船上所有人都死里逃生了。这不是敌人耍的诡计，他们也没有眼花，敌人的确越来越远了。

★大显身手★

你能说出这是为什么呢？

这种情形可以用物理学的知识来解答。敌方的船开的是头炮，在向前开炮时，会给船一个反作用力，使船向后运动，相当于减缓了大船的前进速度。而詹姆斯的小船开的是尾炮，开炮时对船的反作用力令小船前进的速度更快了，因此，双方的船越来越远。

5

大科学家的司机

举世闻名的大科学家爱因斯坦有位很机灵的司机，名叫柏富里，他与爱因斯坦年纪相仿，很聪明，爱学习，记忆力特别强。

爱因斯坦的相对论问世之后，轰动了世界。爱因斯坦也收到了很多邀请，请他去做讲座。每场讲座都由柏富里送他去。

一连数日奔波于各地，加上气候的变化，爱因斯坦的身体有点吃不消了。

一日，柏富里又送他去一所知名大学做讲座，爱因斯坦忽然感到头非常疼，他很担心今天无法完成这场演讲。柏富里从汽车反光镜中看到爱因斯坦的脸色不太好，便放慢速度问道："先生，您看起来很不舒服。您昨天就发烧了，这样下去会更严重的，我还是送您去医院吧。今天这场讲座别去了。"

爱因斯坦摇摇头，说："这样不好，我们已经答应人家了，那么多学生都等着听讲座呢。而且，我不想放弃这场讲座。"

柏富里知道爱因斯坦的脾气，便不再说什么。忽然，他灵机一动，说："今天这场演讲可以由我来代劳，您在讲台下休息就可以了。"

爱因斯坦愣了一下，惊讶地问："啊？你可以吗？"柏富里笑着说："您的讲座，我听过几十次了，虽然分析研究我不懂，可是您讲过的东西我都记住了，要我背诵出来都没问题。而且那儿的人都没见过您，我去讲他们也不知道。"爱因斯坦的身体实在吃不消，而且柏富里办事一向可靠，他便同意了。

演讲很顺利，柏富里没说多余的话，听众报以雷鸣般的掌声。可是就当柏富里正要走下讲台时，一位教授站了起来，提了一个问题，这个问题十分深奥，之前也没有听众提过，柏富里不知如何回答。可是，柏富里只说了一句话就解决了这个难题，而且，惊爆了全场观众。

★大显身手★

那么你知道，他是怎么解围的吗？

柏富里轻松地笑笑说："这是一个很有意思的问题，我曾经与我的司机一起谈论过，我的司机已经明白了这个问题，请他来给大家说一下吧。"

爱因斯坦当然知道这个问题的答案，他只用几句话，就解答了教授提出来的问题，既简洁又透彻，征服了听众。

6

首相的尴尬

第二次世界大战期间，英国为了寻求联盟共同对抗德国法西斯，首相丘吉尔与当时的美国总统罗斯福在华盛顿会面，请求美国参与联盟，并给予经济物资援助。罗斯福热情地接待了丘吉尔，并安排他住进白宫。

一天清晨，丘吉尔在房间里思考下一轮的沟通内容，为了放松一下，他往浴盆里放满了水，然后躺在里面抽着自己最喜欢的那种特大号雪茄，突然，美国总统罗斯福推门而入。丘吉尔连浴室门都没有关，他大腹便便，整个肚子都露出水面，面对如此情景，这两位国家领导人都非常尴尬。愣了一下后，丘吉尔拿掉嘴里叼着的烟，用幽默的口吻说了一句话，一下子就使这特殊的尴尬情形反而变成了有利的局面。

★大显身手★

你知道，丘吉尔是怎样说的吗？

丘吉尔说了一句一语双关的话："总统先生，我这个英国首相在您面前可真是没有一点隐瞒啊。"

死里逃生

过去有一位牛奶厂的挤奶工被一个大农场主诬陷，挤奶工奋力为自己辩解，可是法官因为已经接受了农场主的贿赂，千方百计地找理由想定挤奶工的罪，即使这样，法官还要假装慈悲。他命人准备十张纸条，对挤奶工说："我可以放你一条生路，但是生是死就看你的运气了。这十张纸上，有九张写着一个'死'字，有一张写着一个'生'字，我现在把纸团起来放到袋子里，你随便抓一个，若抓到'生'字，就将你无罪释放，农场主也不会再找你麻烦。但若是'死'字，那你就怪不得别人了。"聪明的挤奶工早已猜到这个贪赃枉法的法官心里是怎么想的，他知道十个纸团上都是一个"死"字，无论他抓到哪个，结果都一样。

法官认为他一定必死无疑了，可是他却想出了一个巧妙的办法，逃过了这一劫。最后法官不得不把他无罪释放。

★大显身手★

你知道，挤奶工用的是什么办法吗？

挤奶工抓出一个纸团就马上放到嘴里一口吞下，剩下的九个纸团都是"死"，法官没有办法，只好承认挤奶工抓的是"活"，最后将他释放了。

巧妙的还击

安徒生是丹麦的一名作家、诗人，他因写童话故事而闻名世界。安徒生生前还曾得到皇家的致敬，赞扬他为全欧洲的一代孩子带来了欢乐生活。但因安徒生生于欧登塞城一个贫苦的鞋匠家庭，所以即便成名后他仍然保持着节俭的生活习惯。有一天，他戴着一顶非常破旧的帽子走在大街上，一个无所事事的贵族看到了，就嘲笑他："你脑袋上边的那个东西是什么玩意？那就是所谓的帽子吗？"

面对这样非常不友好的挑衅，安徒生丝毫不以为然，他只说了一句话，就给予了对方巧妙而犀利的回击。

★大显身手★

你能想到安徒生说了一句什么话吗？

安徒生不动声色地说道："你帽子下边的那个东西是什么玩意儿？那就是所谓的脑袋吗？"

9

如何是好

在一个刮着狂风的深夜，街上已经基本没有人了。本杰明开着一辆跑车，在回家的途中，看到路边有三个人在向他招手想要搭车。本杰明把车停下，一看，这三个人中一个是他心仪已久的姑娘，由于他们住在两个城市，错过这个机会恐怕又不知道什么时候才能再见面了；一个是一位患了急症的老人，需要马上去医院进行诊治，否则会有性命之忧；第三个人是一位外科手术专家，这位外科手术专家曾经在危急关头救过他的命，本杰明一直想找机会报答他。可是本杰明开的是一辆两座的车，车上只能再搭载一个人。虽然不远处就是公交车站，可是这大风天，公交车要放慢速度，恐怕要过很久才能开来。

★大显身手★

如果你是本杰明，如何是好呢？

本杰明下车，让外科手术专家开他的车送患急症的老人去医院诊治，然后他与心仪已久的姑娘一起等公交车。

杰西赶牛

杰西是一位牧民，他从外地买了二十头牛，在他赶牛回家的途中要经过三个关卡，当地政府规定所有过关的牧民每过一个关卡，都要没收一半的牲畜当作税费，然后再退回一只作为政府给予的福利。

杰西觉得政府这个规定实在太黑心了，这样下来，赶二十头牛回家，路上就几乎全被政府没收了。不过后来杰西想了一个办法，最后一头牛也没少。

★大显身手★

请问，你知道杰西是怎么做到的吗？

杰西每次都赶两头牛回家，这样每次没收一半，再退还一头，还是两头，牛的数量不变。杰西往返多次，最后把牛全都赶回了家。

如何过桥

达尔利是一名贸易商，他采购了一船货物，顺水而下，可是在通过一座桥洞时，却发现货物装得比平时高了一些，大约高出桥洞两厘米。虽然这条河并不宽，要到两侧的岸边停靠并不远，可是如果要把货物重新装载，无疑费时费力。若要绕行其他路线则要多花半天的时间。

★大显身手★

有什么办法能够不用卸货，也不用绕路，而使船顺利通过呢？

其实有一个很简单的方法，就是在船上加些石块，加重船体的重量，使船再下沉两厘米多，这样就可以使船从桥下通过了。

沃其诺智得奖赏

古老的莫落城里有一位脾气古怪的国王，他不时地就会闷闷不乐，生起气来对宫里的人又打又骂。大臣和宫里的仆人每次见到国王时都心惊胆战，他们非常想找一个能逗国王开心的人，好让国王不再拿他们出气。

沃其诺虽然出生一个贫寒家庭，但他非常聪明，机智幽默，善解人意，他自告奋勇要求去见国王。

"你有什么才能敢来见我，难道仅仅是因为你的胆量过人吗？"国王问。

"不，国王陛下，我胆量很小，可是我却是全世界最厉害的撒谎专家。"沃其诺回答。

国王不禁笑了起来，说道："什么？你是全世界最厉害的撒谎专家？就凭你这一句话吗？我不相信。如果你能向我撒一个弥天大谎，并让我相信，那么我就承认你是全世界最厉害的撒谎专家，并且我还赏赐你100枚银币。"

"国王陛下，您听我说，"沃其诺说，"18年前的一天晚上，您的父亲与我的父亲还有很多朋友们在一起打牌。很快，您的父亲就把身上所带的钱都输光了，然后只好从我的父亲那里借了100枚银币。令人惋惜的是，他们两人都先后离世了，所以这笔钱直到现在都没有还给我家。"

"你胡说！这怎么可能！我的父亲怎么可能向你的父亲借钱？这简直太可笑了！你真是鬼话连篇！"国王一听，顿时大发雷霆。

可是正当国王要处罚沃其诺时，他忽然冷静下来，然后给了沃其诺100枚银币。

★大显身手★

沃其诺是靠什么智慧赢得了这些银币呢？

沃其诺是个非常有头脑的人，无论他说的话是真是假，国王都要给他100枚银币。如果国王认为他在撒谎，那么国王前面已经说了，就要赏赐沃其诺100枚银币。如果国王不承认沃其诺在撒谎，那么就要替父亲偿还欠沃其诺父亲的100枚银币。

拉米诺买面粉

拉米诺提着半篮鸡蛋到集市上去卖。由于前一天刚下过雨，路不好走，拉米诺在路上耽搁了一些时间，等他走到集市的时候，天已经快黑了，赶集的人已经很少了，眼看拉米诺就要提着鸡蛋徒劳而返了。

这时，集市上的面粉铺老板叫住了他："拉米诺，你的鸡蛋我全部要了。"

"那太好了！我可以便宜些卖给你。"拉米诺高兴地说。

"那倒不需要。"老板说，"不过，我不是给你现钱，我想用店里的面粉跟你换鸡蛋。"

"那也很好啊，我正需要买些面粉呢。"拉米诺说，"不知怎么个换法？"

"我倒是可以给你便宜些，半篮子鸡蛋换给你一篮子面粉。"店主说，"不过我有个条件，早就听说你很聪明，我给你便宜的条件就是要考考你，你要用装鸡蛋的篮子来装面粉，而且不能在篮底垫东西。"

用篮子装面粉？那不是全都漏出去了吗？很明显店主这是在为

难拉米诺，拉米诺看了看手上的篮子，虽然它编扎得很密，装稻谷倒不会漏下去，可是面粉那么细小，还要走那么远的山路，要走到家，面粉非漏光不可。

不过拉米诺略加思索，还是答应了老板的条件，而且成功地把面粉提到家，一点都没漏。

★大显身手★

请想一想，拉米诺是怎样用篮子装面粉的呢？

拉米诺先把鸡蛋拿了出来，然后走到河边，把空篮子在河水里浸湿了，他再提着湿漉漉的篮子回到面粉店，对店主说："请给我装面粉吧！"

店主纳闷地问："拉米诺，你把篮子弄湿干什么呀？"

拉米诺笑着说："篮子脏了，不洗一下就会把面粉弄脏，那就没法吃了，所以我洗一下。"

可是等店主往篮子里装面粉时他才发现，面粉一装进篮子里，靠篮子部位的面粉遇水就会结成团，堵住了篮子的洞眼，这样篮子里面的面粉就不会漏出来了。

店主只好眼睁睁地看着拉米诺提着满满一篮子面粉开心地走了。

拉夫托要工钱

　　拉夫托在一个农场主那里做长工。到了年底，该结算工钱了，农场主却不肯付钱，他给了拉夫托一些围栏，对他说："你可以用这个围栏在我的农场里围一块地方，围起来的地方就属于你了，你可以在里面养牛、养羊，干什么都可以，一块地可比你的工钱值钱多了，不过你不能把这个围栏拆开。"拉夫托知道农场主的诡计，用围栏只能围成一个圈，可是这个圈也太小了，根本养不下牛、羊，连养鸡都不行，农场主这分明是想赖工钱。拉夫托很沮丧地走回去，跟伙伴们说了这件事，可是他的一个伙伴说他有办法，可以用围栏围出很大的面积，拉夫托听他说完后，就信心满满地去找农场主了。

★大显身手★

　　你知道拉夫托的伙伴给他出了什么主意吗？
　　拉夫托用围栏把自己围起来，然后说："我现在是在外面，围栏里面那些地可都归我啦。"

15
约翰的灵感

　　美国得克萨斯州有一个名叫约翰的年轻人，他非常喜欢婚礼的喜庆气氛，即使是不认识的人的婚礼，他也喜欢到现场去感受那种气氛。约翰一直想要成为优秀的婚礼司仪。可是，要想得到大家的认可，并主持高端的规模大的婚礼，他必须要参加一个主持人资格考试。考试最重要的一个环节就是现场演讲。为了最好地发挥自己的水平，约翰提前两个星期就离开了家，到考试地点附近的旅馆住下，全身心地投入到演讲稿的写作中。他先写好草稿，然后又经过无数次的修改润色，直到他觉得满意为止。接下来他又开始背诵，每天全部的时间他都把心思放在这篇演讲稿上，直到最后他几乎可以对这篇演讲稿倒背如流。

　　终于等到了考试的这一天。由抽签抽到的序号来决定演讲顺序，约翰抽到最后一个号码。他先坐在台下听其他人的演讲，这样也能知道自己的水平在考试的人中排在什么位置，做到心中有数。约翰一直安静地听着，也学习学习别人的长处，直到倒数第二个人上台演讲，忽然，约翰目瞪口呆，大脑一片空白，因为台上正在演讲的人说的内容与他的演讲稿完全一样！怎么会这样呢？

　　他冷静了一下，回过了神，忽然他发现台上这个演讲者不就是住在他隔壁的人吗？他们曾经在楼道里碰到过几次，打过招呼。这下他明白了，他辛辛苦苦准备的演讲稿被隔壁的人窃取了。现在即使把这些说出来也没有用，他很难证实这是自己写的稿子，而且即便能证实，这一次的考试他不演讲，也通过不了。下一个就是他上台了，该怎么办呢？

　　他控制住自己又惊又怒的情绪，做了几下深呼吸，努力让自己平静下来，现在需要做的不是找台上这个演讲者算账，而是要解决自己的困境。忽然，他灵光一闪，有了主意。

　　轮到他时，他信心满满，非常从容地走上讲台，一席话迎来台上台下热烈的掌声。演讲非常成功。

★大显身手★

　　试想一下，如果你是约翰，面对此情此景你该怎么办？

　　约翰说道："要当一名好的主持，不仅仅要有演讲的技巧和很好的文采，更要有快速的反应力与超强的记忆力。所以，现在我临时决定为现场的各位重复一次前一位演讲者的演讲内容。"

　　然后，约翰不慌不忙地讲起那篇自己花了无数心血的演讲稿来，那么的娴熟，那么的动情，那么的富有感染力，整个演讲非常的精彩。别具一格的表现方式，赢得了所有评委、观众和其他应试者雷鸣般的掌声，最终约翰顺利地通过了考试，并取得了优异的成绩。

16
艾丝特买面粉

　　艾丝特的妈妈准备做比萨饼吃，让艾丝特到商店去买一点面粉。由于出门匆忙，艾丝特忘了带装面粉的袋子，而乡下的小商店又不提供袋子。当商店的售货员把面粉称好之后，艾丝特不禁为难起来，该怎么装面粉呢。售货员看艾丝特皱着眉头，却不装面粉，不禁感到奇怪，就问道："怎么了？小姑娘？"

　　"我妈妈要给我做比萨饼吃，让我来买面粉，可是我忘了带袋子！"

　　"哦，是这样啊。我这儿有一个盆儿，可以先借给你装面粉用，但是你要在下班之前送回来。"

　　艾丝特抬头看了一眼墙上的挂钟，还有十分钟就下班了，如果走回家再回来肯定来不及了。

　　艾丝特是个聪明的孩子，很快她就想出了一个好办法，既把面粉带回了家，又在下班以前把盆还给了售货员。

★大显身手★

你能想到艾丝特是怎么把面粉带回家的吗?

艾丝特用售货员的盆装面粉,然后在里面加了些水,把面粉揉成了面团,然后就把盆还给了售货员,自己拿着面团回家了。

寻找淡水

美国的一支科考队历尽艰辛终于到达了目的地——北极,他们要研究北极冰川。可是,在大家还没有来得及品味抵达极地的喜悦时,他们就意外地发现储存淡水的容器因为途中碰撞,底部裂了一条缝,现在里面所剩的淡水只够全队使用三天了。如果发求救信号,离他们最近的救护船也要十多天才能抵达这里。队员们万分焦急,这时队长杰甫逊急中生智,想到一个办法,大家一听都放松了心情,赶快按照杰甫逊的办法去做了。

★大显身手★

你知道，杰甫逊的办法是什么吗？

海水虽然是咸水，但北极海洋中的冰川却是淡水结成的，队长杰甫逊让大家取一些冰块，放在大的容器里，待冰块融化后便得到了淡水。

费罗拉的难题

费罗拉的朋友送给他一瓶价值不菲的红酒。晚餐时费罗拉把红酒拿出来与朋友们一起享用，晚餐结束后，费罗拉看红酒还剩下一点没有喝完，觉得这么昂贵的红酒丢了可惜，就又把软木塞塞回去。可是第二天，费罗拉把酒拿出来想喝的时候却怎么也拔不出软木塞了，又不能打碎酒瓶，费罗拉盯着好酒却喝不到，他该怎么办呢？

★大显身手★

你有什么办法能帮帮费罗拉吗？

想喝到美酒并不一定要把塞子拔下来呀，把塞子推进酒瓶里不也能把美酒倒出来吗？

老板买货物

　　罗斯小镇来了三位商人，他们每人都带了一批货物，到各个小镇出售。今天，他们三人同到T大街一家小餐厅吃饭。吃过饭后，他们坐在桌旁休息聊天，老板看店里也没什么客人了，就过来跟他们一起聊天，老板看他们都是生意人，便问道："不知三位先生都是做什么买卖的呀？"一位穿灰上衣的先生笑着说："老板，你来猜一猜，我卖的东西是'远看像座亭，近看没窗棂。上边直流水，下边有人行'。"

　　老板点了点头，又继续问道："那您二位又是做什么生意的呢？"一位穿蓝外套的先生说："要问我卖的货，那是'又圆又扁肚里空，有面镜子在当中，老板用它要低头，摸脸搓手又鞠躬'。"

　　最后一位先生说："我卖的是'铁打一只船，不推不动弹。开船就起雾，船过水就干'。"

　　老板听后哈哈大笑，说："三位先生真是幽默，跟你们聊天很愉快，你们所卖的货物我正好需要，我各要一件吧！"

★大显身手★

你知道这三位商人分别卖的是什么东西吗？

第一位商人卖的是雨伞，第二位商人卖的是脸盆，第三位商人卖的是熨斗。

20 富裕的观众

布林德尔是奥地利著名的钢琴演奏家。但是在他成名前，也曾有过一段非常艰难的时光。一次，布林德尔去某城市演出，可是在音乐会开始时他发现有一大半座位都空着，这让他有些尴尬，观众也显得不够热情。可是布林德尔灵机一动，在演奏前先向观众们说了一句话，大厅里顿时充满了笑声，大家不约而同地为布林德尔鼓起掌来。音乐会就在和谐、欢乐的气氛中开始了。

布林德尔仅用一句话就化解了尴尬的场面。

★**大显身手**★

你知道布林德尔说了什么吗？

布林德尔说："看来这座城市的人们都很富裕，为了有更大的空间来感受音乐，大家几乎都买了几个座位的票。"

机智的店主

有三个窃贼，盗取了一颗价值连城的宝石，他们在赃物的保管问题上制定了一个规则："在宝石未变卖成现金之前，宝石由三人共同保管，必须经三个人都同意时方可打开箱子，取出宝石。"

一天，他们到洗浴中心去洗澡，把装有宝石的箱子交给店主，并吩咐他："只有在三人同时在场时，才能交回箱子。"洗到一半时，甲说要向店主要条毛巾，并问乙、丙二人是否需要，二人都说需要。于是甲来到店主这里，向店主要求取走箱子，店主拒绝了，说要他们三人同时到场才可以。甲对店主说，是乙和丙让他来取的，并大声地对乙、丙说："是你们要我来取的吧？"乙、丙还以为是毛巾一事，就大声回应道："是的。"店主一听他们这样说，便把箱子交给了甲。甲带了箱子就溜之大吉了。

乙、丙二人在里面洗了很久也不见甲回来，感到事情不妙，他们赶忙来到店主处要求取箱子，此时才知道箱子早已被甲取走了。二人缠住店主要求他赔偿。店主说，"这是征得你们二人同意的呀。"二人说："我们也不知道甲说的是箱子啊，我们以为他是问毛巾呢，而且不管甲问的是什么，三人都没有同时在场。"乙、丙坚持要店主交还箱子，要么就赔偿。正僵持不下时，店主灵机一动，说了一句话，乙、丙听了无可奈何，只好垂头丧气地走了。

★大显身手★

店主到底说了句什么话呢？

店主说："你们要三个人同时在场，我才能把箱子交还，现在只有你们两个人，我不能给你们。你们如果想要箱子，得把甲找回来！"

怎样发牌

一副扑克牌有54张牌，很多牌类游戏要去掉大小王，这样就只剩下52张扑克牌。4个人玩牌，由一人发牌，发牌人从他自己开始按顺时针方向顺序发牌，这样每人得13张牌。

有一次，唐尼和三个朋友一起在他家里玩牌，轮到唐尼发牌时，他刚发了一部分牌，有人送快递过来，他就去开门收快递。等他再回到桌边时，却想不起来刚才发牌发到哪了。

唐尼要大家数一下自己手里有多少张牌，这样就可以知道该给谁发牌了。不过坐在唐尼对面的朋友说了一句话，唐尼就按他说的方法继续把牌发了下去，用这个方法，不仅每个人都分得了13张牌，而且发牌的顺序也没有乱。

★大显身手★

请问，唐尼的朋友所说的发牌方法是什么呢？

如果唐尼第一张牌是发给自己，并且按顺时针方向发牌，所以最后一张牌肯定会发给唐尼右边的人。当发牌被中断后，唐尼只要把剩下的牌的最下面一张给坐在他右边的人，然后其他的牌依次按递时针的方向发牌，这样发出的牌就与原来正序发牌时是一样的。

罗伯兄弟的火鸡

罗伯兄弟做的火鸡非常好吃，当地的镇长总想弄点来吃，却又不肯花钱。终于有一天，他找了个借口没收了罗伯兄弟的火鸡，并得意地把它挂在了自家厨房外面的窗户上。罗伯兄弟非常气愤，于是两个人就打算趁着夜深人静时把火鸡偷回来。

罗伯兄弟扛着梯子悄悄溜到镇长的房子外面，他们把梯子搭好，刚爬到梯子的一半时，一个警察路过发现了他们。罗伯兄弟没有惊慌，他们立刻镇静地对警察说："嘿，你知道吗，明天可是镇长上任一周年的纪念日，我们想在他家的窗户上挂一只火鸡，以表达我们的祝贺之意。"

警察听了他们说的话，还是觉得他们的行为有点奇怪，他怀疑地看着罗伯兄弟。这时的罗伯兄弟又说了一句话，不但打消了警察的疑虑，他们还当着警察的面大大方方地取走了那只火鸡。

★大显身手★

你能猜到罗伯兄弟对警察说了一句什么样的话吗？

罗伯兄弟是这样说的："哦，好吧。如果您不相信我们说的话，那我们还是明天一早再带着火鸡来为镇长先生祝贺吧。"说完这句话，他们就当着警察的面，取走了那只火鸡。

24 瑞利伊修车

周末的早上，瑞利伊驾车到郊外的森林公园里去玩，半路上忽然有一个轮胎爆了，瑞利伊马上去车尾处取来备用轮胎准备换上。轮胎上有4颗固定螺丝，瑞利伊把螺丝拆下来后，取下爆了的轮胎，蹲下来要装备用轮胎时，他的大衣因为拖到地上，不小心把刚才卸下来的4颗螺丝扫进了旁边的下水道。这可怎么办，四周是一片荒野，一户人家都没有。

★大显身手★

你有什么办法能帮帮瑞利伊吗？

从汽车另外三个轮胎上各取下1颗螺丝，用取下来的3颗螺丝去固定新换的轮胎，然后把车开到最近的修车厂去补上螺丝。

雷布恩发工资

雷布恩是公司的出纳，负责给公司的雇员发工资。一次，因为他无意中得罪了经理，经理想找借口开除他，就给他出了个难题。公司前几天请了三名临时工，现在工作结束了要发工资。经理拿出100美元让雷布恩平均发给三名工人。100美元分给三个人，最后必然会剩一美元，应该怎么分呢？

不过，雷布恩还是很快把事情办好了，然后告诉经理："工资已经按经理的要求平均分给三名工人了。"

经理不相信，让他把三名工人领取工资的收据拿给他看。

雷布恩把三份收据拿来给经理看了，每份收据上都写着：收到工资33美元33美分，下面是3名工人各自的签名。

没错，每位工人收到的工资都是一样的，但是，这样只付出了99美元99美分，还剩下一美分呢？经理便把这个问题提了出来。

雷布恩于是讲了几句话，经理听后便哑口无言了。而且他以后再也不敢刁难雷布恩了。

★大显身手★

你知道，雷布恩最后那几句话讲了什么吗？

雷布恩不慌不忙地说："我用剩下的一美分，买了3张纸，你看，他们用这3张纸分别写了收据。"

经理看着手里的3张收据，也无话可说，这分法的确是公平。

雷布恩接着又说："买这3张做收据的纸花了一美分，这钱是应该当作工资发给工人们的，还请经理把纸还给他们吧。"

如果这纸还给了工人，公司不就没有了给工人发工资的凭证了吗？这下轮到经理犯了难，经理知道了雷布恩的厉害，所以他以后再也不敢刁难雷布恩了。

哈佛学生最喜欢的
思维游戏

26

钱包里有多少钱

罗曼公司要招聘一名职员，经过几轮面试，最终该公司在众多应聘人员中选出3人，进入最后一场测试。

第一位应聘人员进来后，面试官拿着一个钱包对他说："我在这个钱包里面放了一些钱，如果你能猜出这个钱包里有多少钱，我们便会录用你。在猜之前，你有三次提问的机会，以便得到一些信息。而且在问完之后，你还有三次猜钱数的机会。"

面试官和他的助手做了一番演示之后，第一个应聘者开始提问："请问这个钱包里一共有多少张钞票？面值最小的是多少？最大的是多少？"面试官分别做了回答。

然后，第一位应聘人员开始猜，他猜了三次，但都没有猜对。

第二位应聘人员问面试官："这个钱包里的钞票全是美元吗？一共有几种面值？总金额超过五百元吗？"面试官也都做了回答。但是，第二位应聘人员仍然没有猜对。轮到第三位应聘人员时，他只是问了面试官一个问题，就知道了钱包里的钱数，并被录用了。

★大显身手★

你知道第三位问的是什么问题吗?

第三位应聘人员问面试官:"请问,这个钱包里一共有多少钱?"

铁皮的面积

亨利的爸爸是一名铁匠,今天他为客人加工完一件物品后,剩下两块铁皮,它们的厚度、形状都不同,爸爸想考一考亨利,让亨利用最简单的方法判断出这两块铁皮哪块面积大,哪块面积小。

★大显身手★

你知道怎么做吗?

铁皮的密度一样,所以用秤称一下,哪一块更重,哪一块的面积自然就更大。

定时炸弹

高级特工比尔正坐在桌边看报纸，忽然隐约听到有细小的嗒嗒声传来，一开始比尔还以为是错觉，可过了一会儿又听到了，好像是表针走动的声音。他看了一眼桌上的时钟是数字式的，不会发出指针声音。这是什么声音呢？突然，比尔警觉起来，一种不安的感觉涌向心头，比尔立刻马上站起来四处查看。

果然不出所料，原来房间的角落里被安放了定时炸弹，炸弹的线从床底下沿着墙角延伸到桌子下面，连在了桌上的时钟上。一定是比尔暴露了行踪，凶手趁他白天外出时，悄悄潜进来安装的。这是一种老式的时钟，定时指针正指着5点15分。现在距离爆炸的时间，只剩下7分钟。

时钟和炸弹都被强力的胶牢牢地粘在了地板上和墙上，完全取不下来。时钟和炸弹之间的连线，也用金属软管穿了起来，又用胶粘在了地板上，一时之间，手头又找不到钳子之类的工具。真是个经验丰富、老奸巨猾的老手啊。

比尔一下着急起来了。这间屋子是在酒店的中间层，其他房间还有很多人，不能自己一个人逃离了事啊。只有几分钟的时间，紧急疏散所有人也来不及。怎么办呢？时间在一分一秒地过去，炸弹和连线都不好下手，比尔还是把目光落在了时钟上。他用手指轻轻敲打着时钟的表盘。它的表盘是透明塑料的，可是做工非常好，边沿和整体结合得非常好，并非轻易就取得下来。只要稍不留意，就有可能接通电流，提前引爆炸弹。

时间不多了，比尔皱着眉头，忽然想到一个办法。终于，在炸弹将被引爆之前的54秒，比尔拆除了定时装置。

★大显身手★

你能想到比尔是用的什么方法吗？

要想避免炸弹爆炸，不一定非要弄断连线，只要让时间始终到不了炸弹设定的爆炸时间就可以了。也就是说，让表停下就可以了。比尔用打火机将时钟表盘的外壳烧化，外壳熔化时会有液体的塑料滴下去，在它凝固之前可以当胶水用。这时再撕一小块报纸卷成一个细细的小棒，沾着刚熔化的塑料表盘从烧化的外壳小洞中伸进去涂在表针上，这样表针就被粘在表盘上固定住了。只要表针不动，那时间就一直走不到5点15，所以炸弹也就不会被引爆了。

怎样分出来

玛格丽特太太不小心把粗盐粒和胡椒面混在一起了,她无奈地开始把粗盐一粒一粒地挑出来,这时她的小儿子汤姆说:"我有办法能把它们快速地分开,我只需要一把塑料的汤勺。"

只用了几分钟,汤姆果然把粗盐粒和胡椒面分开了。

★大显身手★

你知道汤姆用了什么方法吗?

胡椒面比盐粒轻,将塑料汤勺在毛衣或是毛料布上摩擦会带有电荷,能把胡椒面吸起来。这样就很快把粗盐粒和胡椒面分开了。

第二讲

哈佛帮你——解放思想创新思维

詹姆斯的新书

詹姆斯是一名作家,他新出版了一本爱情小说《金色的秋日》,由于缺少资金进行宣传,新书在很长一段时间内都销售不畅,如果这种情况持续下去,书店将会把这本书下架。詹姆斯心急如焚,又没有什么好办法。吃晚饭时詹姆斯看着报纸,忽然想到一个好主意。次日詹姆斯在畅销报刊上刊登了一则非同寻常的启事,结果就是这样一个小小的举动,令他的新书很快被抢购一空。

★大显身手★

詹姆斯刊登的什么启事呢?

他刊登了一则征婚启事:本人性格随和,年轻英俊,名校毕业,资产丰厚,非常羡慕《金色的秋日》中主人公简的爱情,希望寻找有缘人收获和简一样的爱情。

詹姆斯在推销他的新作时,充分运用了创新思维,舍弃固有的、习惯的认知方式,以前所未有的新观点去看待事物,最终收到了非凡的效果。

灯泡容积的计算方法

　　著名的发明家爱迪生在实验室里研究一个项目时，需要知道灯泡的容积大小，于是便让助手去测量。

　　爱迪生等了很长时间，也不见助手把数据拿回来。于是他起身来到助手的办公室，想看看是怎么回事。他刚一进门，就看见助手坐在桌前正聚精会神地演算着，桌上摆的草稿纸上写满了数据和各种公式。爱迪生走到助手身边问他在做什么，助手起身回答道："先生，你让我测量灯泡的容积，我已经测量出灯泡各部分的周长等所需的数据，只要再把所需的公式列出来进行计算，一会儿就能计算出答案了。"爱迪生听后不禁大笑起来，他拍了拍助手的肩膀，跟他说了一句话，助手按照爱迪生说的很快便算出了答案。

★大显身手★

爱迪生说的是什么方法呢？

灯泡是个不规则体，所以要通过数学公式计算它的容积无疑是很难的。其实只要换个思路，这个问题就变得很容易了。先把灯泡里灌满水，然后把水倒进量杯里，观察一下量杯的刻度，那就是灯泡的容积了。

扭亏为盈的广告

在东部的一座城市里，一家海洋馆开张了，门票50元一张，很多人都觉得价格太贵而不去参观。海洋馆开馆一年，参观者寥寥无几。

投资商眼看回收资金无望，又急于用钱，只好以超低价把海洋馆转让了，洒泪回到了北方。新东家接管海洋馆后，在电视和报纸上打出了一则广告，之后几个月，来海洋馆参观的人络绎不绝，亏本的海洋馆开始盈利了！

★大显身手★

海洋馆究竟打出了什么广告呢?

海洋馆打出的广告内容很简单,只有17个字:12岁以下儿童到海洋馆参观一律免门票。

儿童来海洋馆参观都会由父母陪同,一位儿童就会有两位家长,因此来海洋馆参观的人当中有三分之一是儿童,三分之二则是带着孩子的父母,而父母可是要买票的。

4

牛奶结冰问题

周末的傍晚,父母都去修剪花园里的枝叶了,吉弗士和哥哥在家里准备用牛奶做冰激凌吃。哥哥的牛奶都晾凉了,吉弗士才去冲牛奶,因为心急,吉弗士不等牛奶晾凉就把自己的热牛奶和哥哥的凉牛奶一起放进冰箱了。

过了一会儿,吉弗士打开冰箱拿出自己的牛奶发现它已经结冰了,哥哥见状也去拿自己的牛奶,可是却发现它还没有完全结冰。哥哥认为一定是吉弗士调换了牛奶,可是吉弗士坚持说他没有调换。直到父母回来，听他们各自说完后，吉弗士的父母并没有想当然地认为他们的孩子在说谎，而是亲自做了实验，最后确定吉弗士的确没有调换牛奶，已结冰的牛奶就是吉弗士的。

★大显身手★

你知道这是怎么回事吗？

热水比冷水结冰快，这是异于常识的现象。这个看似简单的问题，实际上要比我们想象的复杂得多，它不仅涉及物理上的知识，也涉及微生物作为结晶中心的生物作用问题。如果单从物理方面看，常温下的散热应该是热水散热慢。但是制冷的情况下，如果从热分子运动来看的话，假设制冷的外力，使得热水的动能为零，这时的速度即为零，外力加速度都为a（负），根据公式 $v_0t + \frac{1}{2}at2 = 0$，知道要得出同一个值，起初速度大的用的时间反而少。根据能量的守恒，动能与热能能够互相转化，也就是说起初热的反而冷却得快。

5 铁鹦鹉

　　彼得是一位珠宝加工商，他有一位非常擅长艺术品投资的朋友托马斯。有一次他们结伴外出，晚上托马斯留在宾馆里休息，彼得则出去散步。在街上彼得看见一位老人在卖一只黑乎乎的铁鹦鹉，开价300美元。彼得路过时无意瞥了一眼，发现铁鹦鹉的两只眼睛竟然是两颗价值不菲的宝石，便与老人商量出价260美元，只要鹦鹉的眼睛。回到宾馆后，彼得把两颗宝石展示给托马斯看，并告知了此事。托马斯听后马上去街上找到那位老人，用40美元将那只缺了眼睛的铁鹦鹉买了回来。买回来后，托马斯仔细看了看，高兴得跳起来了。

★大显身手★

　　请问这是为什么呢？

　　既然铁鹦鹉的眼睛是宝石做的，那么它的身子会用很普通的材料吗？

　　托马斯买回后，只需要用布仔细擦擦，或者用小刀刮一下，就

能够看到"铁鹦鹉"的材质。这个故事里"铁鹦鹉",原来是一只
涂了黑漆的金鹦鹉。

尤利安卖马

　　尤利安是一名贩马商人,由于他养的马长得壮毛色又好,很
受欢迎。一天他牵了马到集市卖,很快就有一位衣冠楚楚的绅士走
过来,看了看说:"我要买你所有马匹的一半零半匹。"尤利安一
听,岂有此理,马还能卖半匹吗?这人看着衣着得体,怎么这样刁
难人?尤利安正要说话时,旁边又过来两位年长的先生,其中一人
说:"他买完你的马后,我就买剩下的一半零半匹。"紧接着又走
过来一位年轻人说:"我上次就在你这里买过马,你的马很好,他
俩买完之后,我要那剩下的一半零半匹。"

　　尤利安不禁暗想,今天这是怎么了,连着几个都是难缠的顾
客。正发愁时,忽然灵光一闪,就按照他们的要求卖了,结果马
正好卖完。

★大显身手★

请问尤利安卖了多少匹马？他们三人各买多少匹？

一半零半匹最小就是一匹，如果最后的人买的是一匹的话，成立。倒数第二个人买的也是一半零半匹，如果是三匹的一半加上半匹的话，刚好是两匹。他俩合起来是三匹，与题中一致。第一个人买的是一半零半匹说明，比第二个和第三个人买的加起来多，能够比三多点，且余数为半匹的数有七，按题证明后可推，准确。

一千万赎金

一位钢铁大亨的太太被人绑架了。随后这位大亨收到一封勒索信，信的内容如下：

把一千万元的赎金装在蛇皮袋里，凌晨3点让你的司机独自带钱来，把它埋在孔雀公园的石柱旁。我收到钱后，就会放你的太太回家。记住，不要报警，不要试图让便衣警察来冒充司机，我见过你的司机。

收到绑匪的勒索信后，这位大亨急得像热锅上的蚂蚁，他还是决定向警方报案，求助警方。第二天凌晨3点，司机带着装有

一千万元的蛇皮袋来到孔雀公园，为防绑匪撕票，车上只有一名警察随司机一起，他躲在后排座位下，其他警察提前埋伏在石柱四周，公园的各个出口也都有几名警察躲在暗处。

凌晨3点，孔雀公园早已没有灯光，司机在一片漆黑中摸索着找到了那个石柱，然后在旁边开始挖坑，之后又将蛇皮袋放在坑中，又把坑埋好恢复原样，最后带着铁锹离开了那里。留下警察继续在那里监视。直到第二天，也没有见到绑匪前来拿钱，而此时大亨的太太早已平安地回到家了。

警方听到这个消息，不禁纳了闷，他们就把藏钱的坑挖开了。让所有人都意外的是，蛇皮袋是空的，一千万元赎金早已不知去向。负责监视的警察都表示，他们一刻也没有离开岗位，的确没有看到可疑人员，而且也根本没有任何人靠近那个坑。

那么这一千万赎金去哪了？绑匪是谁？他是如何躲过警察的监视，将赎金取走了？你能帮警察找回这些消失的赎金吗？

★大显身手★

你能回答出这些答案吗？

一千万元的赎金其实并没被取走。司机就是那名绑匪。他趁着四周没有亮光挖坑埋蛇皮袋时，在坑的旁边又挖了个较小的坑，还是从同样一个口在挖，但他不是一直向下挖，而是挖了一些后向旁边挖，然后他放蛇皮袋时，先把钱藏在旁边的坑里，封好，然后再把空蛇皮袋埋在坑里。所以警察做梦也没有想到，钱其实还在坑里呢！

8

助手的难题

特莉萨是一名化学系的研究生，一天她在做实验时需要4毫升浓硫酸，便到仓库去取。

特莉萨来到仓库，却发现浓硫酸装在一个不规则的透明玻璃瓶里，而玻璃瓶上只有4毫升、8毫升两个刻度，而瓶上的标签写着里面装了7毫升的浓硫酸。特莉萨找了半天，也没找到一个有刻度的瓶子，由于浓硫酸具有很强的腐蚀性，所以需要小心操作。最好能一次就准确拿出4毫升浓硫酸。

★大显身手★

请问，你有什么办法吗？

可以仿效"乌鸦喝水"的故事，因玻璃不会被浓硫酸腐蚀，先填充1毫升体积的玻璃球放进玻璃瓶内，使得总体积达到8毫升，然后向外取浓硫酸，在瓶内体积为4毫升时，取出的同样也是4毫升。

特殊的拔河比赛

卢卡斯的学校举行运动会,有一个项目是拔河比赛。可是到了比赛这天,由于场地紧张,拔河比赛竟然被安排在溜冰比赛之后在冰上进行。比赛开始了,参赛双方开始用力拉绳,可是由于冰面很滑,大家手上一用力,脚下反而向前滑,这样绳子就松开了,试了好几次都不行,无法决出胜负。后来卢卡斯出了一个主意,大家按照他说的方法最终完成了比赛。

★大显身手★

请问卢卡斯出的是什么主意呢?

拔河双方在冰面上同时顺时针或逆时针做圆周运动,这样就会产生一个离心力,绳子会拉得很紧,双方才能较上劲。如果双方像通常那样向后拉,脚会给地面一个作用力,平常的地面由于有足够的摩擦力,大家都可以使上劲。可是到了冰面上,由于冰面很滑,没有足够的摩擦力,大家越用力,绳子越松。

提高销量的建议

南部小城有一家工厂生产瓶装味精，质量非常好。味精包装设计得也很合理，瓶子内盖上有5个小孔，家庭主妇们在做饭时只要拿起来向锅内甩几下就可以了。这款味精的销量虽然不错，可是一直难以提高，总是维持在一定的量，怎样提高销量一直是厂家头疼的事。工厂管理人员想了很多宣传办法都没有效果。后来员工餐厅一位厨师给工厂管理人员提了个建议，得到采纳后，味精销量果然大增，比原来提高了五分之一。

★大显身手★

餐厅厨师提的是什么建议呢？

餐厅厨师的建议是：把瓶子内盖上的5个孔变成6个孔。由于人们在做饭的时候也不是精确地取用一定量的味精，而是习惯性地拿起味精瓶甩几下，因此，多了一个孔，人们每次在放味精的时候就无形中多甩出来一些。用得快了，自然销量就上来了。

木棍计时

一次汤姆、杰克、露西三个人正在看电视，电视节目正在播智力抢答节目："有1根木棍把它点燃，那么木棍可以燃烧20分钟。但由于木棍中间有些地方粗些，有些地方细些，所以它的燃烧并不均匀。也就是说，把木棍从中间切断，木棍不是正好燃烧10分钟。

"如果现在有2根这样的木棍，在没有其他可计量时间的工具的条件下，谁能用这样的2根木棍准确测出15分钟？"

汤姆想了想，说："我有办法！"

杰克和露西，有点怀疑地看着汤姆，说："我们不相信。"

然后，汤姆说出了他的方法。他们两个听后，信服地点了点头，果然也与最后公布的答案如出一辙。

★大显身手★

你知道，汤姆说的办法是什么吗？

先把1根木棍的一端点燃，同时点燃另一根木棍的两端，这样在点燃两端的木棍燃尽的时候就是10分钟，只点燃了一端的木棍还可燃10分钟，此时点燃它的另一端，那么当这根木棍燃尽的时候就又用了5分钟，加起来是15分钟。

银行借款

一天，一位犹太富商阿迪利走进法国巴黎国民银行。这位富商的穿着很华贵，一看就是一位有身份的绅士，银行经理赶紧迎上来，说道：

"先生，请问有什么可以为您做的吗？"

"是这样的，我想从你们银行做些担保借款。"

"那么，请问您需要借多少？"

"5美元。"

"只需要5美元？"

"是的，5美元就够了，可以吗？"

"没问题，其实，您有担保想多借些都完全没问题。"

"这些就够了，这是我的担保。"

富商说着，从随身携带的小皮箱中拿出很多珠宝放在柜台上。

"这些珠宝价值20万美元，我把这些作为借款的担保。"

"您用这么多做担保，只借5美元？"

"是的。"富商办理好手续，接过了5美元，就离开了。

分行行长听说此事，不禁纳闷起来：别人都想多借，这位客人却只借5美元，还用这么多抵押品做担保，这是为什么呢？而且这位客人看起来很精明，不像是没有经济头脑的人啊。这是怎么回事呢？！为了解开心中的疑问，在富商来还款的时候，分行行长特意上前问个究竟。

★大显身手★

你知道，富商是怎么回答的吗？

"是这样的，行长先生。我原本是想找一家银行，租用一个保险柜，但他们的租金都很贵，所以换了个方式来保存我的财物。"

装乒乓球

一次某国际公司招聘，出了个智力题：10个乒乓球，6个袋子，要求你把乒乓球都装到袋子里，每袋里的乒乓球数都是偶数，装完后袋子和乒乓球都没有剩余。参加面试的8个人，有5个人做到了。

★大显身手★

你知道，这5个人是怎么做的吗？

每个袋子装2个乒乓球，这样10个乒乓球就装满了5个袋子。然后，把这5个袋子都一起装到第6个袋子里。

实验取水

科拉是个非常善于思考的孩子，老师们都很喜欢他，经常会出一些有趣的来考科拉。

一天要做一个小实验，要分别加两次100毫升的水，老师先把科拉叫过来，对他说："科拉，你看这个水桶里面只有三个容器，大号的容器是900毫升，中号的容器是500毫升，小号的容器是300毫升。现在需要提前量取两份100毫升的水备用，你有什么办法吗？"

科拉想了一下就说："老师，这个难不倒我，我能做到。"

★大显身手★

你知道科拉是怎么做的吗？

先把900毫升的大号容器装满水，然后用900毫升容器中的水把500毫升的容器和300毫升的容器灌满，此时大号容器中剩下的就是100毫升，取出用作实验。接下来把300毫升容器中的水倒入大号容器，然后用500毫升的容器中的水把300毫升的容器中灌满，再把300

毫升容器中的水倒入大号容器中，接着把500毫升的容器中剩下的水倒入水桶中，用大号容器中的水把500毫升的容器灌满，大号容器中剩下的是100毫升，取来用作实验。

克里斯取银环

有"黑暗王子"之称的世界著名魔术大师克里斯·安琪，小时候就对魔术非常感兴趣。有一年冬天，爸爸到北边一个寒冷的城市去办事，克里斯和哥哥非要跟着去，爸爸就带上了他们。那里大雪纷飞，天气异常寒冷，克里斯和哥哥只能天天待在房间里，非常无聊。这一天，家里来了一位客人，会变魔术，克里斯高兴极了，便一直缠着客人表演。起初，客人不好意思拒绝小孩子，就表演了几个，可是克里斯不停地要求客人表演一个又一个，爸爸便随手拿了1根绳子，从花瓶上取下几个装饰的圆环串在绳子上，4个铜环，1个银环。爸爸对克里斯说："克里斯，给你这个，你看绳子上有5个圆环，最中间的是银环，银环两边各有2个铜环，现在你和哥哥分别拿着绳子的两端，在既不能剪断绳子也不能破坏圆环的情况下，同时也不能把两边的铜环从绳子上取下来，如果你能取下中间的银环，再来找叔叔吧。"

说完，他就开始与客人谈事情，本以为这样就可以让克里斯费好一阵脑筋了，可是没想到，还没过5分钟，就传来了克里斯的欢呼声："哈哈，我做到了！爸爸，我做到了。"克里斯走到爸爸和客人面前，轻而易举地取下了银环。

★大显身手★

你知道克里斯是怎么做到的吗？

把绳子系起来，你想到了吗？之后把其中一侧的铜环在绳圈上转到另一侧去，让银环变成在最边上，然后解开绳结，就可以取下银环了。

飞行员的婚礼

一天玛丽太太正在看电视，电视中播出了一对飞行员夫妇在本市举行的一场别开生面的特殊婚礼——空中婚礼。只见新婚夫妇在飞机上跳下，虽然他们背着降落伞，但是他们并没有打开伞包，而且在下降了一些高度后，他们竟然开始平稳地游动、接吻，看起来自由自在。玛丽太太不禁为他们捏了把汗，这实在是太危险了："他们从高处落下，速度会越来越大，整个人的肌肉应该都绷紧了，怎么还能那么自在呢？"

这时玛丽太太的儿子走过来看了下说："妈妈，你的担心多余了，是这样的……"

听完之后玛丽太太说："原来如此啊。"

★大显身手★

你知道，玛丽太太的儿子给妈妈做了什么解释呢？

飞行员夫妇刚从飞机跳下时，的确是做自由落体运动，速度越来越快。但是在他们下落时会受到空气的阻力，空气的阻力与速度的平方成正比，因此在飞行员夫妇的速度快速增加时，他们受到的阻力增加得更快，直到他们自身的重力与所受的阻力达到平衡时，他们开始匀速下落，此时他们便可以自在地做一些动作了。而且，在下落过程中，他们应该习惯把身体展开，那样还能增加迎风面积和阻力系数，而且也有利于保持平衡。当然，在距地面一定高度时，他们还是要及时打开降落伞，因为这个均匀的速度也是相当大的，如果以这个速度撞向地面，是足以致命的。

葛罗瑞卖报

在美国得克萨斯州的一条热闹的街道上，每天都有两名报童费滋和葛罗瑞来卖早报，两人存在竞争关系。一开始，两名报童都是每天一大早就去沿街叫卖，两人卖出的报纸数量也都差不多。后来葛罗瑞改变了策略，他每天固定到一些热闹的、人多的场所去，去了之后直接给大家分发报纸，分发得差不多之后，再返回去收钱。而费滋依旧每天沿街叫卖。很快费滋的生意就越来越差，最后只得另谋生路。

★大显身手★

你能说出其中的缘由吗？

葛罗瑞的做法很有深意。首先，同样一份早报，客人买了一份就不会再买另一份。葛罗瑞先把报纸快速分发出去，接到报纸的人就肯定不会再去买费滋的报纸，等于葛罗瑞先占领了市场，葛罗瑞占领的越多，留给费滋的就越少。这种情况持续下去，不仅影响到费滋的收益，更打击了他对市场的信心。

其次，报纸不是奢侈品、耐用品等需要复杂的决策过程才能购买的商品，随机购买的可能性很大，而且也几乎不会出现因为质量问题退货的情况。报纸售价也很低，客人也不会不给钱，就算偶尔碰上几个不给钱的客人也不要紧，一来大部分情况下报纸本来也不会全部卖完，会有少量剩余；二来这些顾客已经看过报纸了，也不会再买费滋的了，仍然是自己的潜在客户。

餐桌上的游戏

夏天来了，马丽卡一家到海边去度假，晒完太阳后一家人到一个很有名的中餐馆去吃饭。在等着服务员上菜的时候，马丽卡想要先吃零食，爸爸对马丽卡说："马丽卡，这样吧，我们来做个游戏，如果你能做到就让你先吃零食，如果做不到，就好好吃饭。"马丽卡问："什么游戏啊？"爸爸说："你拿一根筷子，用左、右两只手的食指来支撑筷子的两端，然后两根手指一起向筷子中间靠拢，如果你能做到，就可以先吃零食。"马丽卡一听，这很简单嘛，可是她试了半天都不行，不是左边的手指停住了，就是右边的手指停住了。马丽卡气得嘟起了小嘴。

★大显身手★

你能给马丽卡解释一下这是怎么回事吗?

由于筷子不是粗细均匀的,下半部分会比较细,因此两根手指分别支撑在筷子的两端所受到的压力是不同的,手指与筷子之间的最大静摩擦力也不一样,在马丽卡移动手指的时候,最大静摩擦力较小的那根手指一定会先移动,随着手指的移动,离筷子的重心越来越近,所受的压力也随之增大,最大静摩擦力也增大。直到移动的这根手指所受的最大静摩擦力超过另外一根手指,这时又变成这根手指静止,另外一根手指开始移动了。

约翰射箭

约翰三兄弟一起去学习射箭。教练非常喜欢约翰,常常夸奖他,说他将来一定会是一位优秀的射箭选手,因为他不仅技术好,还很善于运用技巧。约翰的两个哥哥难免有些不服气。一天,练习完毕,教练拿来四个桃子,然后把桃子装在一个盘子里,放在一个石墩上,问三兄弟:"如果让你们射掉所有的桃子,你们需要射几箭?"

约翰的两个哥哥都说："需要射两箭，找好角度，一箭可以穿透两个桃子。"

可是约翰说："我只要射一箭就可以了。"

两个哥哥都不相信，一箭怎么可能射到四个桃子，约翰分明是在吹牛。可是教练却夸约翰聪明，让约翰现场演示一下，果然，一箭射过来，四个桃子全部落地。

★大显身手★

你知道约翰是怎么做到的吗？

只要一箭射翻装桃子的盘子就可以了。

20 布伦达的狡辩

布伦达是一个脾气非常暴躁的人，一天，他又因为一点口角与人打了起来，并将人打伤。在法庭上，法官审问他之后，要求他做出赔偿时，他却狡辩道："虽然我打了他，可是作用力与反作用力是相等的，我也受到了同样的反作用力，并没有占便宜，让我赔偿我不服。"

★大显身手★

如果你是法官，你会怎么办呢？

虽然力与反作用力是相等的，可是想一想生活中，鸡蛋碰石头肯定是鸡蛋受损。因为，虽然它们受的力一样，可是承受力的受者不同。布伦达用拳头击打对方薄弱的部位，虽然受力相同，但是损伤却不同。所以应该判布伦达赔偿。

21

珀妮丝分蛋糕

珀妮丝的生日晚会上，准备了一个圆形蛋糕。生日晚会一共有八个人参加，在切蛋糕时，来宾给生日晚会的主角珀妮丝出了个难题：让她不能移动蛋糕，但只切三刀，就把蛋糕分成形状大小基本相同的八块。

★大显身手★

请你说说，珀妮丝应该怎么切呢？

先在蛋糕的正面成十字切两刀，即等分成四块，然后在蛋糕的侧面中间横向切过去。

失窃的钻石

古埃及的一位臣民给法老奉上了几颗世上罕见的彩色钻石。为了防止被盗，存放钻石的盒子不仅有侍卫们把守，而且还有一条毒蛇与钻石一起被放在了盒子里。

可是一天深夜，一名技艺高超的小偷仍然将钻石给偷了出来。他早已听说放钻石的盒子里有毒蛇，但他并没有戴手套，而且也没有使用任何对付毒蛇的东西，徒手取走了钻石。

★大显身手★

请你说说，小偷是怎样办到的呢？

小偷先把盒子倒放，让盒子开口处朝下，然后把盖子慢慢地拉开一条缝，仅容钻石通过，这样毒蛇根本就没有机会攻击他。

布兰顿失画

布兰顿是哈佛大学化学系的一位教授，他曾出资给大学所在的城市建了一栋大楼，并因此闻名，城市里几乎人人都知道他。他非常喜欢收集字画，他家里的字画每一幅都价值连城，但也因此引来了不法分子的觊觎。

一天，一个小偷趁他家里无人时溜进他家，拿起一幅画正转身想走的时候，忽然看见窗边柜子里有一瓶伏特加，就打开盖尝了几口，然后又悄悄地溜走了。

布兰顿回到家后，发现画不见了，四处寻找未果，确定是被盗了，于是就打电话报警。警察仔细勘察了现场后，发现小偷是一个高手，现场采集不到任何指纹，也找不到其他线索。这时，布兰顿发现酒柜里的酒被动过，因为这个小偷喝完之后没盖盖儿。警察深思了一下后，给布兰顿出了一个主意，让他在报纸上刊登了一则声明，果然第二天小偷就自首了，布兰顿的画顺利地找回来了。

★大显身手★

如果你是警察，你让布兰顿刊登的声明会是什么内容呢？

因为布兰顿是一名化学教授，这一点本市所有人都知道，所以警察让布兰顿在当地最大的报纸上刊登了一则声明："昨天有人误入我家，喝了我装在酒瓶里做酒精反应实验的化学药品，如果得不到及时对症的治疗，很快就会死亡，请误食者及时与我联系，否则一切后果与我无关。"于是小偷就赶紧投案自首了。

小·铁匠与农场主

罗斯小镇上有位苛刻、狠毒的农场主葛朗台，附近的工人们吃尽了他的苦头，都不愿意再给他干活。葛朗台为此绞尽了脑汁。

一天，他到铁匠铺定做了7个串在一起的无缝银圈，对工人们说："如果谁给我干活，一共干7个月，报酬就是这串银圈，条件是，每干一个月拿一个银圈，但是这些银圈只能弄断其中一个。"

大家都上过葛朗台的当，谁都不愿意给他干活，因为虽然报酬很诱人，可是葛朗台不让弄断银圈，取不下银圈来还是白干了。

可是铁匠铺的小铁匠安纳贝尔却说："我给你干活。"于是立下了字据。

葛朗台得意地想：字据上很清楚地写着"只能弄断一个银圈"，你只能在第一次拿走一个银圈，剩下6个却拿不走了，还得乖乖给我白干6个月！

但小铁匠安纳贝尔却想出了一个办法，最后干了7个月活把所有的银圈都拿走了。

★大显身手★

你知道小铁匠安纳贝尔是怎么做到的吗？

干完第1个月，安纳贝尔把那银圈串的第3个圈弄断，取下银圈拿走了。剩下的银圈变成了两串，一串有2个银圈，一串有4个银圈。

干完第2个月，安纳贝尔用上次拿走的那个银圈，换了两个串在一起的银圈。

第3个月，安纳贝尔又拿走了上个月放回的那一个银圈。

第4个月，安纳贝尔再用两个银圈和一个银圈换走那串连在一起的4个银圈。

第5个月，安纳贝尔又来把那一个银圈拿走。

第6个月，安纳贝尔重新用一个银圈换回两个银圈。

第7个月,安纳贝尔拿走了最后一个银圈,也就是最初弄断的那个银圈。

葛朗台看他把银圈都拿走了,气得大病了一场。贪婪的人最终掉进了自己设的圈套。

厉害的奥布里

艾伦、亚恒、奥布里他们三人是很要好的朋友——在他们之间,有两个人非常有名,艾伦是全国游泳冠军,亚恒是全国射击冠军.只有奥布里没有拿到过任何奖项。

一天,他们三人相约到一个俱乐部里玩了一整天,吃晚饭时,周围的人认出了艾伦和亚恒,纷纷想跟他们合影,唯有奥布里无人理睬,可是他一句话就吸引了周围的人,他说:"别看他们俩是全国冠军,今天可是我大获全胜啊。我是又游泳,又射击,既战胜了游泳冠军,又战胜了射击冠军。"大家都不信,都说他吹牛:"如果你说的是真的,那肯定是他们让着你!因为你是他们的朋友。"

"不是的,我们没有让他,都是尽到了最大的努力的。"艾伦和亚恒满脸诚恳地说。

周围的人都觉得不可思议。

★大显身手★

你知道这是什么原因吗？

其实，这件事很简单。奥布里和游泳冠军比的是射击，和射击冠军比的是游泳。

想读书的亚尔林

亚尔林是个非常爱学习的孩子，还没到上学的年龄，就已学会了不少字。等到他稍微大一点，他就天天缠着父母要去上学。因为亚尔林家住在乡下，如果要上学就得到城市里去，父母舍不得他这么小就一个人去城市里上学。

亚尔林的父母想："他不过想到城里看看而已，让他去看看，说不定他就不再吵了。"于是就答应亚尔林先带他去城里转转。

亚尔林要父母给他穿上最漂亮的衣服，他说："城里的人都认识我，我可不能让大家笑话。"父母都觉得很好笑，城里的人怎么会认识你呢？不过，他们还是把亚尔林打扮得很漂亮。亚尔林还自己做了一个小孩玩的灯笼，带着一起去了城里。

到了城里，亚尔林跟着父母在热闹的街上转着。奇怪的是不论亚尔林走到哪里，都有小孩子看着他说："看！'亚尔林来了'！"这时亚尔林就会一副大人的样子，点点头回答说："嗯，来了。"

父母不禁觉得奇怪，等晚上回到了家里，就问他："你一直在我们乡下生活，没去过城里，那里的人怎么会认识你呢？"亚尔林说出原因后，父母恍然大悟，想不到亚尔林这么聪明，于是决定早点送他去上学。

★大显身手★

为什么城里的小朋友会认识亚尔林呢？

亚尔林手里的灯笼上面写着"亚尔林来了"几个字。原来小朋友们是觉得这个自制的灯笼新鲜，他们是在看灯笼，然后念出了上面写的字。

27

山姆大叔的窗户

山姆大叔随着年龄的增长，脾气愈发的古怪。前几日，山姆大

叔找了一个木匠给他的房子制作几扇窗户，把原来的旧窗户换掉。木匠按照原来的样式把窗户做好了，窗户四四方方，做得非常漂亮，做工也很好，窗框平整，油漆均匀。

可是，没想到山姆大叔看到窗户竟然大发雷霆，他对木匠吼道："哦，我的老天哪！你这是干了些什么？我再说一遍，我讨厌方形的东西，不管是长方形还是正方形，这里所有的人都知道这一点，这也正是我要换掉那扇旧窗户的原因，怎么你又给我做了一扇方形的窗户？"

木匠觉得山姆大叔非常不讲理，但又不想与他争吵，就考虑给他修改一下。可是山姆大叔接着又说："你要给我重做！不能影响窗户的采光，我不要方形的，可是窗户的面积不能变，亮度也不能变。"

这也太难为人了吧？

★大显身手★

试问，如果你是木匠，你有什么好办法吗？

木匠可以做一扇平行四边形的窗户，这样窗户的面积不变，采光范围也不变。

辛尼买早点

一天，妈妈给了辛尼一些钱让他去街角的蛋糕店买早点。如果他全部都买提拉米苏蛋糕，每块3元钱，就会剩下1元钱；如果他全部买比萨饼，每块4元钱，也会剩下1元钱。已知辛尼带的钱不超过20块，那么你知道辛尼一共带了多少钱吗？

第二天，辛尼又去街角的蛋糕店买早点。这一次他带的钱和前一天差不多，如果他全部都买提拉米苏蛋糕，就会剩下2元钱；如果他全部买比萨饼，就会剩下3元钱。

★大显身手★

那么你知道辛尼第一天和第二天分别带了多少钱吗？

第一天，如果从辛尼带的钱里取出1元钱，那么他带的钱全部买提拉米苏蛋糕就会刚好用完，全部买比萨饼也会全部用完。因此可知辛尼带的钱减去1元之后，是3和4的最小公倍数12，又知道辛尼带的钱不超过20元，所以他带的钱是12元加上1元，一共13元。

第二天，如果在辛尼带的钱上再加上1元钱，那么他带的钱全部买提拉米苏蛋糕就会刚好用完，全部买比萨饼也会全部用完。因此可知辛尼带的钱加上1元之后，是3和4的最小公倍数12，又知道这一天辛尼带的钱和昨天差不多，所以他带的钱是12元减去1元，一共11元。

第三讲

哈佛帮你——发散思维开阔思路

停止的时间

英国作家斯威夫特在日记里写道：1886年1月12日清晨，泰晤士河附近陷入一片混乱之中。原来，滨河码头的工作人员上早班时发现保险柜被撬，一笔巨款失窃。

当天晚上，水上巡逻警察发现了看守者的尸体，经法医鉴定，他是被人杀死后抛入泰晤士河的。在死者的裤子口袋里发现了一只走时非常精确的高级手表，但表已经停了。显然，表针所停留的时间是一个非常重要的线索。可是一名新来的实习警察竟然忘记了要保持案发现场不被破坏的规定，出于好奇，他把调节手表时间的旋钮拨弄了几圈。他这种愚蠢的行为，当即遭到上司的严厉斥责。

后来，探长问他，能否回忆出刚发现手表时，表针所指示的时间。这位实习警察回答说，具体时间他不记得了，但有一点印象十分深刻，就是分针与时针正好重叠在一起。而秒针却恰好停在表盘上一个有黑点的地方。

探长听后，看了看手表。表面上有黑点的地方是49秒。他想了几秒钟，就确定了尸首被抛入河中的准确时间，并且这个时间与法医的验尸报告也是相符的。这样一来，就大大缩小了侦查的范围，最终警察很快捉到了凶手。

★大显身手★

你知道手表停留的时间究竟是什么时候吗？

在12小时内，分针与时针共有11次重合的机会。根据我们所知道的，时针的速度是分针的1/12，可以得出自上次重合以后，每隔1小时5分钟27又3/11秒，两针就会再度重合一次。

在午夜零点以后，分针与时针的重合时间为：1点5分27又3/11秒，2点10分54又6/11秒，3点16分21又9/11秒，4点21分49又1/11秒。最后这个时间符合了秒针所停留的位置，因此它就是探长所确定的时间。

一元钱去哪了

汤姆和两位朋友去餐馆吃饭，要了三碗面，每一碗10元，吃完面他们付了30元，可是老板说今天有特价活动，他们的三碗面

只需要付25元就可以了，于是叫服务生退回5元给汤姆和他的朋友，可是这个服务生很贪心，只给他们每人退回了1元，自己偷偷藏了2元。

服务生退了钱之后，自己怎么算这笔账也算不对，那三位客人每个人付了9元钱，因此三个人一共付了27元，再加上自己私藏的2元，总共是29元。可是，当初他们三个人一共付了30元啊，那么还有1元去哪了呢？

★大显身手★

其实服务生的算法不对。应该是汤姆和他的两位朋友每人付了9元，三个人一共是27元，其中餐馆老板收走了25元，服务生拿走了2元。应该是25+2=27元。

横渡大西洋的航行

艾玛·马士货轮公司每天正午从法国诺曼底大区滨海塞纳省的A港口发出一艘货轮，通过大西洋，开往大西洋另一侧的长岛海湾。在同一时间，这家公司也从长岛海湾发出一艘货轮开往滨海塞纳省的A港口。这些货轮的航行时间都是7天。请问：从滨海塞纳省的A港口开往长岛海湾的船，在航程内会遇上多少艘本公司从长岛海湾开来的货轮？

★大显身手★

如果你知道答案，请回答并解释一下原因。

会遇上15艘从长岛海湾发出的货轮。其中有13艘是在大西洋上航行时遇到的，1艘刚起航时遇到的，1艘是到达对岸时遇到的。

如果回答成"7艘"，你就错了。不要简单地认为，每天有1艘货轮起航，7天就是7艘。仔细想一下：在货轮从A港口发出时，艾玛·马士货轮公司已经有8艘轮船从长岛海湾开往A港口，其中有6艘正在大西洋上航行，1艘刚刚到达A港口，1艘正从长岛海湾发出。因此，从A港口开出的这艘货轮，一定会遇上前面说的已经出发的8艘货轮。此外，在货轮7天的航程内，还有7艘轮船从长岛海湾开出，其中最后1艘轮船起航，是在这艘货轮到达长岛海湾的时候。这些货轮毫无例外地都会与它相遇。

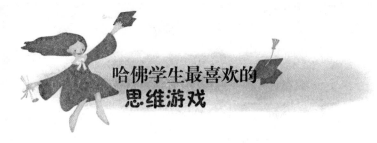

梦想岛居民的身份

梦想岛上的土著居民由骑士和无赖两部分组成，骑士只说真话，而无赖只说假话。

亚瑟和格鲁克是梦想岛上的两名土著居民，关于他们俩的身份，亚瑟说了以下这句话："要么我是无赖，要么格鲁克是骑士。"你能根据亚瑟的话确定亚瑟和格鲁克两人的身份吗？

★大显身手★

如果你能，请说出理由。

假设亚瑟说的话是假话，那么亚瑟是骑士，格鲁克是无赖，但是骑士是只说真话的，这和亚瑟说假话的假设矛盾，因此亚瑟说的是真话。

如果亚瑟说的是真话，那么就有两种情况，要么亚瑟是无赖，要么格鲁克是骑士。第一种情况，根据设定的前提条件，亚瑟说的是真话，那么他是骑士，不是无赖，"要么……，要么……"里面总有一个是正确的，那么格鲁克是骑士。因此，亚瑟和格鲁克都是骑士。

山姆叔叔的影子

　　玛丽的叔叔山姆是一位海员，常常跟随货轮远洋航行。一天，山姆叔叔航海归来，给玛丽讲了一件不同寻常的事：货轮绕过非洲南端前往欧洲，在半年的航行途中，有三次他到货轮甲板上去透透气，虽然阳光很灿烂地照耀在他身上，但是山姆叔叔却发现自己没有影子。

★大显身手★

　　请你想一想：山姆叔叔的影子跑到哪里去了呢？

　　这是一种巧合。货轮从非洲南端驶往欧洲的航行里程中，正好要经过南回归线、赤道和北回归线这三个地球上特殊的位置。在这三条线上，每一年的春分、夏至、秋分、冬至这四天，阳光会垂直照射在地面上，那里太阳在人的正上方，所以看不见人的影子。山姆叔叔正好在春分这一天经过南回归线，夏至这一天经过赤道，秋分这一天经过北回归线，所以看不见自己的影子。先后三次，正好历时半年。

6 谁才是凶手

一名酒吧的调酒员，有一天夜间在医院的病房楼道里被人用水果刀刺死。

水果刀被丢弃在医院的草丛里，刀柄上无法获取凶手的指纹，因为凶手在行凶时将刀柄裹了纱布，但是水果刀被发现时，有一个现象引起了探长的注意，他发现刀柄上爬着许多蚂蚁。

由于行凶时间是在夜间，医院尚未开门，所以探长认为很可能凶手也是住院病人。经过排查，有3个病人嫌疑最大，他们是：

12号病房的一个肠炎病人、3号病房的一个糖尿病患者，以及8号病房的一个酒精中毒病人。

探长拿到这份排查名单后，立刻指着其中的一个说："这个病人就是凶手。"

★大显身手★

那么，究竟谁是凶手呢？

凶手在行凶时会因紧张而手心出汗，糖尿病人不仅比正常人容易出汗，汗液中还会含有糖分。当凶手把刀丢弃在草丛里后，刀柄能马上招来蚂蚁，这是因为他的汗液中含有糖分，黏在了刀柄上，而蚂蚁是对糖非常敏感的动物。糖尿病人用纱布包在刀柄上，虽然这样可以不留下他的指纹，但是他行凶时手心所出的汗却渗进了纱布里并粘在刀柄上。

犹太富商和礼帽

　　许多发明家都因善于思考而发明出很多对人类社会进步非常有意义的东西，他们也常常喜欢出一些有趣的题目，让周围的人也来动动脑筋。伟大的发明家爱迪生有一次给他的助手出了一个题目：《犹太商人和礼帽的故事》。

　　有一个犹太富商，想聘请一位助手协助他经商。他需要的这位助手必须非常聪明才行。招聘登出一天后，有A、B两个人与商人联系。

　　这位富商想要考查一下A、B两个人中谁更聪明一些，就出了一道题，富商把他们带进一间漆黑的房子里，里面伸手不见五指。商人把灯打开说："这个架子上有五顶礼帽，两顶是橙色的，三顶是蓝色的。现在，我把灯关掉，并把礼帽摆放的位置互相调换，然后，我们三人每人拿一顶礼帽戴在头上。当我再次把灯打开时，你们要尽快地说出自己头上戴的礼帽是什么颜色的。"说完之后，富商就把灯关掉了，然后，每个人都拿了一顶礼帽戴在头上；这时，富商就把余下的两顶礼帽藏了起来。

待做完这一切之后，富商把电灯重新打开。这时候，来应聘的两个人看到富商头上戴的是一顶橙色的礼帽。

两人都沉默地看着对方，几秒钟后，A叫道："我戴的是蓝色的礼帽。"

结果，A被犹太富商雇用了。

★大显身手★

如果你是A，你会如何去推理呢？

A是这样推理的：

如果我戴的也是橙色的礼帽，那么，B马上就能知道自己戴的是蓝色的礼帽（因为橙色的礼帽只有两顶）；而现在B并没有立刻猜出，可见，我戴的不是橙色的礼帽。

如何过桥

A、B两国正在交战，A国渐占上风，为防有间谍潜伏在本国与敌国互通消息，A国在两国交界处派哨兵把守。交界处有一条很宽的河，河上有一座桥，A国就把哨兵的哨所设立在河边，阻止路人过桥。

如果哨兵看到有人过桥就会喊话让他返回去，否则就会将他逮捕。

哨兵每半小时换一次岗，换岗期间哨所会有4分钟无人看守，但是，要通过这座桥，至少需要8分钟。B国很多人，想从河里游过去，结果不是淹死，就是被发现了。为了完成某个紧急的任务，B国派出了有名的间谍S，S轻而易举地就从桥上过去了，顺利完成了任务。

★大显身手★

你知道S用了什么办法吗？

在哨兵换岗时，马上以最快的速度从桥的一边往另一边走，走了4分钟时马上转身向回走,这时哨兵回来了,看到你要过桥,就会喊住你,告诉你不能过桥,让你回去,然后你就转身往回走,实际上,此时你已经顺利地通过这座桥了。

4分钟只能走到桥中间,无论如何也是过不了桥的,所以不要只盯着时间,遇到这类问题时,要打破常规思维,从其他方面入手寻找解决途径。

9

丢失的图纸

某著名公司研究出了一种非常先进的制造工艺,为此公司副总裁指派研究部总监与工程师一起,带着图纸前往公司在纽约设立的生产研发中心进行开发生产。因担心途中泄密,副总裁亲自指定了两名安保人员陪同前往,并叮嘱安保人员要密切注意二人的动向。

一行4人登上列车后,进入一间软卧的包厢内,他们相互规定谁也不能带着图纸离开包厢,图纸的保管工作则由工程师负责。

凌晨时分,突然传出工程师的惊叫声,大家都被惊醒了。几个人坐起来一看,图纸散落了一地,而工程师正急急忙忙地四处拾捡图纸。大家赶紧都下来将地上的图纸全部捡起,可是经工程师清点后，居然还是少了3张，而且是其中最重要的。

总监责问工程师发生了什么事？工程师回答说，大约是凌晨两点，他想再研究一下图纸是否还有改进之处，便起来翻阅，由于当时车厢内太闷，他便打开窗子，岂料车外的风一下子将桌上的图纸吹得飞了起来。

总监急问："有没有被吹到窗外？"工程师回答："不确定，当时太慌张了，没有留意。"

安保人员立刻打电话报告了副总裁。副总裁听完报告说："我知道是怎么回事了，我立刻坐飞机赶来处理，在此之前你们4人谁都不准离开车厢。"

★大显身手★

你能判断出丢失的图纸究竟在哪吗？

根据气流流动的原理，在列车行进时打开窗户，即使是朝窗外丢东西，都可能被吸回车厢内，放在桌上的纸张就更不可能被吹出窗外，只可能吹落在车厢内。因此，图纸失踪是工程师制造的假象，一定是他把图纸藏了起来。

假发的颜色

舞蹈团的演员们9个人站成一列纵队，从9个红色假发和8个紫色假发中，随机取出9个分别给每个人戴上。每个人都看不见自己戴的假发的颜色，却只能看见站在前面那些人的假发颜色。

排在队伍最后面的第9个人说："虽然我能看见你们每个人戴的假发，但却不知道自己头上假发的颜色。你们呢？"

第8个人摇摇头说："我也不知道。"

第7个人也同样说："我也不知道。"

第6个、第5个……一直往前到第2个人，都说不出自己戴的假发的颜色。可是出人意料的是，站在最前面的人却说："我知道自己戴的假发的颜色了。"

★大显身手★

请问，排在最前面的人戴的是什么颜色的假发？他是怎么知道的呢？

对于第9个人来说，他能看到8个假发，如果8个假发都是紫色的，他肯定知道自己戴的是红色的，而他说不知道，说明前面9个假发中至少有1个假发是红色的，也就是说他至少看到1个红色的假发。

第8个人听了第9个人的回答，就能想到如果他没看到红色的假发，肯定知道自己戴的是红色的假发，而他说不知道，说明前面8个假发至少有1个假发是红色的，即他也至少看到1个红色的假发。

同理可知，第7个、第6个……依次往前，直到第2个人，都至少看到1个红色的假发。因此排在队首的人头上戴的是红色的假发。

排在队首的人通过以上推理，可知自己戴的是红色的假发。

说谎无罪俱乐部

肯尼迪是S市的市长，S市在他的治理下社会风气非常好。可是，最近该市居然出现了一个莫名其妙的所谓"说谎无罪俱乐部"。成立之初，它只有少数几名会员。可是短短几个月后，该会会员竟然已经遍布全市，达数百人之多。该会还设有严格的入会制度，并非是谁想加入就能如愿以偿的，俱乐部设有说谎审核部，所有想要入会的人，必须要向审核部提交一份"自己最厉害的说谎经历"，再经俱乐部一层一层严格审核，通过审核者，再由俱乐部主席亲自同意，才能加入，加入之后就只能说谎。更为离谱的是，每年三月，该俱乐部甚至还要举行"说谎大赛"。

不久，警局又发现了一个非法黑社会团体——"黑鹰教"，其中很多教徒就是"说谎无罪俱乐部"的成员。黑鹰教走私贩毒，无恶不作，肯尼迪要求警局彻底打击这一组织。

不久，警局抓获两名黑鹰教成员，从他们的供词中得知，凡是入了黑鹰教的"说谎无罪俱乐部"会员，就只讲真话不再说谎了。警局决定先派人潜入该俱乐部，摸清内情，探长丹尼尔主动承担了这个任务。

丹尼尔精心编造了一个"说谎经历"，最终骗过俱乐部的审核委员会，并获得了俱乐部主席的肯定，通过审查，获得了会员的资格。两周后的一天，他去设在双塔饭店的总部参加了会员的聚会。当他到达时，他看见其余的成员已经围坐在餐厅的一张桌子旁边喝着酒。"说谎无罪俱乐部"的主席汉斯也在场。他从座位上站起来，把丹尼尔介绍给全体与会成员，并且带头和新会员丹尼尔干了一杯。

丹尼尔竭力装出新人的谦卑，表现出对老会员们的尊敬。他举着酒杯，绕着大圆桌挨个敬酒，向主席和在场的所有老会员们问好致意，并在敬酒的同时装作随意地向每位老会员问同一个问题："嗨，你好，你说的是真话吗？"

"当然。"圆桌旁的所有老会员都给出了这样的回答。

然后，丹尼尔装出有点糊涂了的样子，又绕着大桌子走了一圈，他又向每一位老会员提了另外一个问题："嗨，见到你真高兴，那么你的邻居说的是真话吗？"

这次所有的老会员都回答说："不是的。"

聚会结束以后，丹尼尔回到家里。这时他忽然想起，他忘了清点一下今天来参加聚会的人数，于是他给俱乐部主席打了个电话：

"汉斯先生，晚上好，请问今天来参加会员聚会的有多少人啊？"

"除了你之外，还有27人。"汉斯回答道。可是，汉斯说的会是真话吗？他很可能说的是假话呀！丹尼尔想了一下又给汉斯的秘书打了个电话。"伊迪丝秘书，刚才主席说除了我今晚还有27个成员参加了聚会，是吗？"听完这话，秘书笑了起来，她说："丹尼尔先生，难道你忘了我们的主席是个远近知名的说谎者吗，他说的怎么会是真话呢？除了你，今天还有30人来参加聚会。"

"来参加聚会的人，说真话的就是黑鹰教成员，说谎话的就没有加入黑鹰教，那么，主席汉森和秘书伊迪丝是教徒吗？他们谁说的话可信呢？"上床以后，丹尼尔翻来覆去地一直在想这个问题。

主席和秘书谁说的是真话呢？来参加聚会的又是多少人呢？

★大显身手★

你知道答案吗？说说你的推理过程。

主席汉森不是黑鹰教教徒，而秘书伊迪丝是教徒。

丹尼尔向俱乐部成员问的第一个问题："你说的是真话吗？"，这个问题判断不出什么，因为不管对方是说真话的人还是说假话的，都会回答说，我是说真话的。所以通过提问是无法断定谁是说真话的、谁是说假话的。

丹尼尔的第二个问题："你的邻居说的是真话吗？"对这个问题，所有的人都回答说"不是的"。由此可以判断出餐桌边的人是说真话的人与说假话的人相间而坐，否则，一定会有某一个人作出肯定的回答。由此可知圆桌边的成员数目一定是偶数。俱乐部的主席汉森说那晚参加例会的有27个会员，显然他说的是谎话，所以他不是黑鹰教教徒。而伊迪丝说汉森说的是假话，她说的是真话，因此她是黑鹰教教徒，参加聚会的会员算上秘书和丹尼尔是32人。

史蒂文森先生聘请助手

史蒂文森先生要聘请一位助手，现在有丽贝卡、梅格、玛丽亚、朱丽叶和凯瑟琳这五位应聘者。

（1）五位应聘者中有三位应聘者没有工作经验，两位应聘者有工作经验；

（2）其中两位应聘者的专业是行政管理，其他三位应聘者的专业是人力资源；

（3）丽贝卡和梅格的工作经验情况一样；

（4）玛丽亚和朱丽叶的工作经验情况不一样；

（5）凯瑟琳和朱丽叶的专业相同；

（6）梅格和玛丽亚的专业不同；

（7）史蒂文森先生最终聘请了其中一位有工作经验的行政管理专业的应聘者作为助手。

★大显身手★

谁会是史蒂文森先生的助手？

我们需要找出哪几位应聘者有工作经验，哪几位应聘者的专业是行政管理。

根据（1）（3）（4），玛丽亚和朱丽叶当中必定有一位与丽贝卡和梅格的工作经验情况一样；因此，丽贝卡和梅格都没有工作经验。按照（7），史蒂文森先生不会聘请丽贝卡或梅格。

根据（2）（5）（6），梅格和玛丽亚当中必定有一位与凯瑟琳和朱丽叶所学的是一样的专业；因此，凯瑟琳和朱丽叶所学的专业是人力资源。按照（7），史蒂文森先生不会聘请凯瑟琳或朱丽叶。

排除以上四位，史蒂文森先生将聘请玛丽亚女士，她必定是一位有工作经验的行政管理专业的应聘者。

从以上的推理中，我们还可以知道其他四位女士的情况：朱丽叶必定没有工作经验，凯瑟琳必定有工作经验；梅格的专业必定是人力资源，而丽贝卡的专业必定是行政管理。

朱迪思太太的损失

有一位看起来非常阔绰的富太太在赛弗瑞琪百货公司的一家珠宝店看中了一枚售价650英镑的红宝石戒指。富太太拿出一张金额为1 000英镑的支票，珠宝店老板朱迪思太太因为找不开零钱，便拿着这张支票去隔壁店铺兑换成现金，然后找给顾客350英镑。第二天，隔壁店铺的老板梅尔维尔去银行兑换支票时却发现那是一张空头支票，而那位富太太早已拿着红宝石戒指不知到哪里去了。梅尔维尔找到朱迪思太太，朱迪思太太知道被骗了也无可奈何，她拿出1 000英镑赔给了梅尔维尔，拿回了那张1 000英镑的空头支票。

朱迪思太太算了一下，手里收到的这张空头支票，再加上被骗走的价值650英镑的红宝石戒指、找给顾客的350英镑，这么一下就损失了2 000英镑，这不禁让朱迪思太太黯然神伤。

★大显身手★

请你想一想，朱迪思太太算得对吗？

其实朱迪思太太的损失是1 000英镑，即那张空头支票的面额。

正确的算法应该是这样：朱迪思太太首先收到一张一文不值的空头支票，然后拿它和隔壁店铺老板梅尔维尔兑换了1 000英镑现金，这就产生了1 000英镑的收益；接下来，她支出了价值650英镑的红宝石戒指和350英镑现金，收益变为0；最后，又付出了1 000英镑赔款，收益变成−1 000英镑。

其实，朱迪思太太和隔壁店铺老板做的是完全等价交换，先用1 000英镑的支票换了现金，后来又用现金换回支票，可以忽略不计。她只是被骗子用假支票骗走了650英镑的物品和350英镑的现金。

采摘葡萄的工人

斯温伯恩是美国哈佛大学数学系的优秀毕业生，他对算术有着浓厚的兴趣，他特别喜欢看起来复杂，但却能找到简便方法解答的题目，下面这道题就是斯温伯恩非常喜欢的"采摘葡萄"算术题：

一队葡萄庄园的工人要采摘两个葡萄园的葡萄，其中一个比另一个大一倍。全队在大葡萄园里采摘半天之后，分为两小队，一小队继续留在大葡萄园里，到傍晚时把葡萄采摘完；另一小队到小葡萄园上采摘，到傍晚还剩下一小片没采摘。剩下的一小片第二天要一个人用一整天的时间才能采摘完。

★大显身手★

怎样才能用最简单的方法算出来采摘工人共有多少人呢？

斯温伯恩本人是怎样计算这道题的呢？他认为，既然在大葡萄园里采摘葡萄全体工人摘了半天，接着全队的一半人又摘了半天。很明显，这一半人在半天内收割了大葡萄园的1/3。另一方面，小葡萄园相当于大葡萄园的1/2。以大的葡萄园为1，那么在小葡萄园里，半队人摘了半天后剩下的葡萄园面积为1/2 － 1/3= 1/6。而这剩下的1/6，一个人一天采摘完了，这说明一个人采摘的效率为一天采摘完大葡萄园的1/6。

大、小葡萄园合起来是1+1/2=3/2，葡萄采摘工人摘了一天总共摘了3/2 － 1/6 =8/6 = 1/6 ×8，说明采摘工人一共有8人。

聪明的弗雷德

得克萨斯州某法院开庭审理一起抢劫案件，当地的A、B、C三个嫌疑人被押上法庭。负责审理这个案件的法官是弗雷德，他想：真正的抢劫犯为了掩盖罪行，一定不会承认，而是编造口供，意图转移法官的注意力。与此相反，如果不是抢劫犯，一定会尽力提供真实的情况来帮助法官找出真正的罪犯，以证实自己的清白。因此，他做出了一个初步的判断：肯说真话的不会是抢劫犯，故意说假话的很有可能就是抢劫犯。最终，审问结束后，弗雷德的这个想法被证明是正确的。

审问开始了。

弗雷德先问A："你是怎样实施抢劫的？从实招来！"A是这样回答弗雷德的问题的："古哩咕噜，古哩咕噜……"A讲的是某地的方言，弗雷德完全不明白他说的是什么意思。

弗雷德又问B和C："刚才A是说的是什么意思？古哩咕噜，古哩咕噜，这是在说什么？"B说："法官先生，A的意思是说，他不是抢劫犯。"C说："法官先生，A刚才已经承认了，他说自己就是抢劫犯。"

听了B和C的话之后，弗雷德马上得出结论：B是清白的，C是抢劫犯。

★大显身手★

请问：为什么弗雷德听完B和C的回答，就能得出这样的结论？A又是不是抢劫犯呢？

不管A是抢劫犯或不是抢劫犯，他都会说，"不是我干的，我不是抢劫犯。"

如果A是抢劫犯，那么A就会说假话，因为他一定不会主动承认，他一定会说，"我不是抢劫犯。"

如果A不是抢劫犯，那么A就会说真话，这样他也一定会说，"我不是抢劫犯。"

而这时，B按照实际情况转述了A的话，所以B说的是真话，因而他不是抢劫犯。C故意歪曲A表达的意思，所以C是在说谎，因而C是抢劫犯。至于A是不是抢劫犯还确定不了。

16

伪造的名画

　　法兰克福的警察局近日破获了一起名画造假案。两年前，维尔茨大街一家拍卖行发现了一幅伪造的达·芬奇名画"蒙娜丽莎的微笑"。名画鉴定机构的专家协助探长对假画进行了仔细的分析，他告诉探长，这幅"蒙娜丽莎的微笑"伪造技艺非常好，非常逼真，即使是专业的鉴定师都可能被骗。这幅画的制作至少需要几个技术娴熟的人共同配合：需要有一名绘画水平高超的画师，一名用色精准的色彩调配师和一名经验丰富的画面做旧师，此外，还要有人找到与名画非常相近的画纸，以及一个秘密的场所。

　　在警局发现伪画两周后，克里斯汀探长终于抓获了又准备行骗的布伦达。当时，布伦达来到一家典当行想典当假画，典当行与拍卖行素有来往，典当行老板早已得知假画的消息，立刻暗中报了警，警员立刻赶到，将布伦达逮捕。通过对布伦达的审讯，警察局抓获了画纸制造人克里斯与色彩调配师麦格。名画伪造案的老板布鲁克闻风潜逃了。那么，画师是谁？画面做旧师又是谁？其他相关的案犯都有哪些人？由于他们相互之间都不认识，都是由布鲁克单线联系的，克里斯与麦格并不清楚。

在审问中，克里斯交代了以下情况："我是受德国人安东尼唆使才参加这个团伙的。安东尼给我们提供制造伪画的场地。穆德与安东尼有来往，他也可能参与了伪造名画。假如安东尼与穆德都参加了这个集团，莱斯就肯定是不会参加了。我就知道这么多。"

色彩调配师麦格是这样交代的："我只负责调制颜色，其他事情我并不清楚。不过，我知道一点，假如莱斯是画面做旧师，那么，用来做旧的机器和一些工作肯定也在这个城市。"

警察经过侦查，发现克里斯与麦格交代的情况是属实的，莱斯也的确是画面做旧师，给画面做旧的机器就埋在他家院子里的一棵树下。

★大显身手★

那么，在这个案子里，穆德有没有犯罪？为什么？

穆德没有参与，他是无罪的。

根据画纸制造人克里斯的交代：假如安东尼与穆德都参加了这个团伙，那么莱斯肯定不会参加。然而，莱斯既然参与了这个案子，因此安东尼与穆德并非都参与了造假。既然安东尼参与了造假，那么，穆德没有参与造假。

富商失窃

乔伊探长最近又接到一个新案子，伦敦一户富商家里失窃了，现在已有里斯、拉格、罗利、拉尔夫四名嫌疑犯被拘捕。探长通过对四人的审讯，获取的口供如下：

里斯：是罗利干的。

拉格：是拉尔夫干的。

罗利：如果是我干的，那么拉尔夫一定是主犯。

拉尔夫：不是我干的。

四个人的供词中只有一个人说的是假的。

★大显身手★

那么，是谁对探长说了谎，又是谁盗窃了富商的家？

说假话的是拉尔夫，作案的是罗利和拉尔夫。

在上面的几份供词中，拉格和拉尔夫的供词是互相矛盾的，可见这两份供词中必然有一份是假的，而这四个人的供词中只有一份是假的，那么可以得出另外两人说的都是真的，由此可知这个盗窃案是罗

利干的，而罗利的供词也是真的，那么也可以得出拉尔夫是主犯，由此可以证明拉尔夫的供词是假的，作案的是罗利和拉尔夫。

来自哪个国家

　　玛丽太太在纽约机场候机室里，看见五位绅士正在聊天，他们身旁放着每个人的手提箱。一只箱子写着奥地利的首都维也纳的地址，另一只上面标的是尼泊尔的首都加德满都，其余三只箱子的地名分别为加拿大的蒙特利尔、多伦多和哥伦比亚的首都波哥大。她一开始判断不出他们每个人分别来自哪里，不过听了下面的对话玛丽太太就明白了。

　　A先生："我很喜欢旅行，每年都外出几次，到过北美洲多次，可未去过南美洲，两个月后打算去奥地利的维也纳。"

　　B先生："到时我从南美洲出发与你在那儿会面，去年我到蒙特利尔旅行了一趟。"

　　C先生："真巧啊，去年我也到过蒙特利尔。"

　　D先生："我从未到过那儿，从护照上看你们四位都来自不同的国家。"

E先生："是啊，我们住在四大洲的五个地方。"

★大显身手★

你知道他们每一个人住在哪里吗？

通过A先生的话可知他既不是来自北美洲也不是来自南美洲，同时也不是来自位于欧洲的奥地利，所以他住在亚洲尼泊尔的加德满都。

B先生从南美洲动身说明他住在哥伦比亚的波哥大。

C先生不是从蒙特利尔来的。

D从另外四人的护照上看到他们分别来自四个国家，那他一定是来自加拿大，他又从未去过蒙特利尔，所以D住在多伦多。

现在只剩下C先生和E先生没有确定，因为C先生不是住在蒙特利尔，那他一定来自奥地利的维也纳，那么E先生住在加拿大的蒙特利尔。

因此答案就是：

A先生住在亚洲尼泊尔的加德满都，B先生住在南美洲哥伦比亚的波哥大，C先生住在欧洲奥地利的维也纳，D先生和E先生分别住在北美洲加拿大的多伦多、蒙特利尔。

漂流岛的语言

太平洋中有一个小岛叫漂流岛，是一个自然环境很好的安静的小岛。这个岛住着两种外表一样，而品德截然相反的人：一种人从不说谎，而另一种人却总是说谎。

漂流岛的语言，与世界上其他任何地方的语言都不一样。外人都不懂他们的语言。当人们向他们问问题，需要他们回答"是"或"不是"时，他们总是用"JI"或"Te"来回答。问题在于，其他地方的人都不知道"JI"表达的意思是"是"，还是"不是"。

一位聪明的旅行者理查德想到一个办法，他遇到了一个土著，于是向他提出了一个问题，这个土著回答说"Te"。理查德听了这个土著的回答，马上就知道出"JI"和"Te"各代表什么意思了。

★大显身手★

请问，理查德提的是什么问题？

理查德向这个土著提的问题是："你是不说谎的人吗？"或者是："你是总说谎的人吗？"根据这个土著的回答，就可以确定

"JI"和"Te"是什么意思。

这是因为，对于"你是不说谎的人吗？"这个问题，无论是对岛上哪一种居民来说，都会回答说："是的。"对于"你是总说谎的人吗？"这个问题，岛上的两种居民也都同样会回答："不是。"

银行保险柜失窃案

一天早上，警察局接到报案电话，美国霍顿广场附近一家银行保险柜被撬，大量现金失窃，经过反复排查，警察局的警员确定了三名具有重大嫌疑的人：斯莫利特、路易斯和阿拉贝拉。通过审讯，确定了以下几点情况：

（1）窃贼使用了一种特制的工具用来撬开保险柜，只有经过专门训练的人才能使用这种工具；

（2）如果斯莫利特作案，那么阿拉贝拉一定会伙同他一起；

（3）路易斯没有受过专门的训练，他不会使用这种特制的作案工具；

（4）罪犯一定在这三个人中，有可能是一个，也有可能不是一个。

由已知的情况，可知下面有一项是正确的。

A. 斯莫利特是罪犯，路易斯和阿拉贝拉无法确定；

B. 斯莫利特和路易斯是罪犯，阿拉贝拉无法确定；

C. 阿拉贝拉是罪犯，斯莫利特和路易斯无法确定；

D. 路易斯是罪犯，斯莫利特和阿拉贝拉无法确定；

E. 斯莫利特、路易斯和阿拉贝拉都是罪犯。

★大显身手★

如果你能判断出正确项，请说说，你是如何判断的？

从条件（1）和条件（3），可知路易斯是否参与作案无法确定；再结合条件（4），可得出结论，三人中其他的两个人斯莫利特和阿拉贝拉至少有一人参与了作案；从条件（2）"如果斯莫利特作案，那么阿拉贝拉一定会伙同他一起"，可得出结论如果阿拉贝拉不作案，那么斯莫利特也不作案，那就没有人参与作案了，这与（4）相矛盾，所以，阿拉贝拉一定参与了作案。

至于斯莫利特是否参与作案，从所给的条件中无法做出明确的判断。所以可以判断出C项。

智邀美人

　　艾娃小姐是位绝色美人，马丁先生对她动了心。艾娃小姐生性羞怯，如果直截了当地请她吃饭，可能会遭到拒绝。还好，艾娃小姐喜欢有趣的游戏。马丁先生眉头一皱，计上心来。

　　马丁先生一本正经地对艾娃说："亲爱的，我们做个游戏。我有两个问题要问你，这两个问题都只能回答'是'或'不'，不能用其他语句。在正式提问以前，我要同你预先讲好，你一定要听清楚之后再郑重回答，而且两个问题的答案都必须在逻辑上完全合理，不能自相矛盾。"

　　艾娃感到非常有趣，爽朗地对马丁先生说："好吧！请你发问。"

★大显身手★

　　马丁先生该怎样提问，才能达到他想请艾娃小姐吃饭的目的？

　　第一个问题："如果我的第一个问题是：'你能不能和我一起吃饭？'，你能不能像回答第二个问题一样，回答第一个问题？"

第二个问题："你能不能和我一起吃饭？"

无论第一个问题回答"是"还是"不"，第二个问题都只能回答"是"，这样才能从逻辑上站住脚。

22 失窃的宝石

豪华的巨型游轮"伊丽莎白"号正在大西洋上逆流而上，突然身穿丧服的夏洛特太太慌张地跑来找到船长哈罗德说："哈罗德先生，我随身带的父亲的骨灰盒不见了！"

哈罗德听完夏洛特太太的话，一点都不着急，他对夏洛特太太说："太太，您一定是太伤心，忘了自己存放的地方了，再仔细找找吧，有谁会偷骨灰盒呢？"

"不不，不是的！"夏洛特太太急得满头是汗，连连解释说，"骨灰盒里不仅有我父亲的骨灰，还有一颗价值5万马克的宝石。"

第二次世界大战前，夏洛特太太的父亲杰罗姆教授应加拿大魁北克大学的邀请，前去执教。战争爆发后，杰罗姆教授就一直没有回国，在加拿大一待就是几十年。

后来杰罗姆教授的身体出现了问题，他唯一的孩子夏洛特太太便去了加拿大，陪他去医院就诊并照料他的生活起居。这一年冬天杰罗姆教授病得越来越重，最终卧床不起，弥留之际，他叮嘱夏洛特太太务必要把他的骨灰带回德国安葬，并把自己多年的积蓄换成的一颗宝石交给了她。

夏洛特太太无比焦急地对船长说："就是为了掩人耳目，防止宝石被人盯上，我才把宝石藏在骨灰盒里，并一直把骨灰盒带在身边。没想到还是发生了这样的事，我人还未回到故乡，现在父亲的骨灰和宝石都不见了，我该怎么办才好啊……"

哈罗德船长听完夏洛特太太讲述，立刻找来了游轮上所有进过夏洛特太太舱房的人，并逐一进行调查，最后记录了如下情况——

夏洛特太太隔壁舱房的乔纳森太太，大约7点进了夏洛特太太的舱房邀请她一起出去透透气，7点10分两人走出舱房，到甲板上，同时清洁员劳拉来打扫舱房。

夏洛特太太因为觉得有点冷，返回舱房取外套，这个时候是7点15分，却看到清洁员劳拉居然在翻动她的衣柜。夏洛特太太当即斥责了她几句。随后两人开始争吵，一直到7点25分。

7点30分，乔纳森太太又来到舱房邀请夏洛特太太去舱外观赏两岸风光，夏洛特太太因情绪不好，没有同去。

到清洁员劳拉离开后，夏洛特太太忽然发现骨灰盒不见了……这个时候是7点35分。

如果正如夏洛特太太所陈述的这样，那么骨灰盒失窃案一定是乔纳森太太和劳拉两个人中间的一个，那么会是谁呢？

正当哈罗德船长思考时，一位船员跑来向船长报告说：

"我刚才换班路过船尾时，看到后方不远处的海水中有一个接近黑色的木盒随着波浪在上下颠簸。"

哈罗德马上跑到船尾一看，果然有一个小木盒，而这小木盒就是夏洛特太太所描述的骨灰盒的样子。于是他马上下令掉转船头返航打捞这个黑色的盒子。此时是8点35分。

到9点50分终于追上了正在海面上顺流而漂的木盒。哈罗德马上命人把它捞了上来。

夏洛特太太赶来一看，这个木盒正是她父亲的骨灰盒，可是骨灰盒中的那颗宝石却不翼而飞了。

这时，哈罗德拿出了记事本，把刚才发生的事情，时间、地点一一记录了下来，然后他拿着本子，像是在上面演着什么，忽然，哈罗德船长抬起头来说："我知道是谁窃取了骨灰盒，偷走了宝石，并把骨灰盒投入海中了。"

破案的结果，同哈罗德得出的结论是一致的。最终他们在行窃者的房间里搜出了宝石。

★大显身手★

你知道，是谁偷走的吗？哈罗德是用什么方法推理的呢？

宝石是乔纳森太太偷的。

想要知道是谁偷走了骨灰盒，先要知道谁有作案的时间。

设船在静水中的速度为v，水流速度为u，那么船顺流时速度为v+u；逆流时的速度为v-u；再设骨灰盒被投入海中的时间为t。

因为骨灰盒被作案者扔下游轮后，游轮逆流行驶的距离再加上骨灰盒在海中漂流的距离，等于游轮在8点35分到9点50分这段时间内顺流所走的距离，

即：（v−u）（8：35−t）+（9：50−t）u＝（u+v）（9：50−8：35）

解此方程得t=7：20

因此，骨灰盒被扔入大海的时间是7点20分，而此时劳拉正在与夏洛特太太争吵，她没有作案时间；因此作案者是乔纳森太太。

分玫瑰花的难题

爸爸让6岁的多丽丝分8朵玫瑰花，要求她把花朵最大的两支分给爷爷，再把两支开得最艳的分给奶奶，然后把两支最新鲜的分给妈妈，剩下的两支留给自己。

多丽丝歪着脑袋，想了想，信心十足地先挑了两支花朵最大的分给了爷爷；接着又找花开得最艳的，可是这时她发现爷爷的两支花里有一支是开得最艳的，就从爷爷那里拿回一支给了奶奶，她接着又去挑最新鲜的，一看剩下的都不新鲜，最新鲜的在奶奶那里有

一支，爷爷那里有一支，于是又向爷爷、奶奶各要了一支分给了妈妈。最后，爷爷一支玫瑰花都没分到，奶奶只分到了一支，只有妈妈分到了两支，而自己这里却剩下了5支。多丽丝皱着眉头不知怎么分这8支玫瑰花。

★大显身手★

你能用逻辑知识帮多丽丝解决她遇到的难题吗？

多丽丝分玫瑰花遇到的困难，是由于她还分不清主次，不了解逻辑划分的基本知识。在这个题目中，多丽丝应先把一个大类分成几个小类，每一次划分只能有一个依据，小类之间不能交叉重叠，不可以对一类事物再一次划分时使用不同的依据。如先划分花朵大的，再划分花开得最艳的时，就应把前面挑出的花朵大的排除，在剩下的花朵里面挑，这样就不会出现故事中的混乱了。

24

谁遭到了绑架？

因为一笔巨额财产的分配问题，汉森家族中的五名成员出现了些矛盾，这五名成员为：汉森太太、汉森先生、汉森夫妇的儿子哈里、汉森夫妇的女儿赫莉，还有汉森太太的哥哥弗里曼。他们之中的一人绑架了另外四名成员中的一人。下面是已知的关于这五名成员的事实：

    A. 在绑架案发生时，有一男一女两人正在一家咖啡馆里；

    B. 在绑架案发生时，行凶者和被绑架人两人正在一艘游船上；

    C. 在绑架案发生时，两名子女哈里和赫莉中的一人在独处；

    D. 在绑架案发生时，汉森太太和汉森先生不在一起；

    E. 被绑架人的同胞兄弟或姐妹是无罪的；

    F. 行凶者比被绑架人年轻。

★大显身手★

在这五名家族成员中，谁遭到了绑架？

根据ABC，绑架案发生时，有关这五名家族成员所在地点的情况是：

有一名男性在咖啡馆里，行凶者在游船上，两名子女中的一人在独处，还有一名女性在咖啡馆里，被害者在游船上。

根据D，在绑架案发生时，汉森太太和汉森先生不在一起。因此，要么是汉森先生在咖啡馆里，汉森太太在游船上；要么是汉森太太在咖啡馆里，汉森先生在游船上。

如果汉森先生在咖啡馆，那么和他同在咖啡馆的女性一定是他的女儿赫莉，因而两名子女中独处的那一人是他的儿子哈里，而在游船上的是汉森太太和她的哥哥弗里曼。于是汉森太太和弗里曼两人中，一人是行凶者，另一个遭到了绑架。但是由E得知，被绑架人有一个同胞兄弟或姐妹，而且这个同胞兄弟或姐妹是无罪的。因为现在只有汉森太太和弗里曼才是这对同胞兄弟或姐妹，因此这种情况不成立。所以这个假设不正确，汉森先生不在咖啡馆。

因此，在咖啡馆的是汉森太太。如果汉森太太在咖啡馆里，那么同她在一起的要么是弗里曼，要么是哈里。

如果弗里曼同她在一起，那么汉森先生是和一名子女在游船上。根据E，被绑架人不会是汉森先生，因为在其他几名成员中没有人是他的同胞兄弟或姐妹；因而判断出行凶者是汉森先生，被绑架人是其中一名子女。但是这种推测也不成立，因为这同F矛盾。因此，汉森太太在咖啡馆里不是同弗里曼在一起，而是同哈里在一起。因而，独处的那名子女是赫莉。所以，汉森先生是和弗里曼一起在游船上。根据E，被绑架人不可能是汉森先生，所以被绑架人是弗里曼，因为汉森太太可以是他的同胞姐妹。

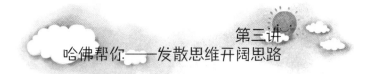

尴尬的准则

有一位聪明的将军,在他所驻守的区域里有一条河通往邻近的敌国。为了避免有间谍偷偷传送情报将本国的机密泄漏给邻国,将军制定了一则过河准则:每一个要过河的人都必须说明自己过河的目的,说实话的人可以过河,说谎话的人要被抓进监狱。

一天,有一名鞋匠来到河边,看守的士兵拦住他,询问:"你到河边来干什么?"

鞋匠回答说:"我是到河边来被抓进监狱的。"

士兵听了不禁愣住了,不知该怎么办,只好向将军报告。

★大显身手★

如果你是那位将军,你会怎么做呢?

按照准则的逻辑推理,如果把鞋匠抓进监狱,就说明鞋匠说的是实话,既然是实话,按照过河准则,就应该让他过河。可是如果让鞋匠过河的话,那么鞋匠就是在说谎,应该被抓进监狱。这样就陷入逻辑的悖论,所以看守的士兵就不知该怎么办了。

但是，这个逻辑推理并非是没有漏洞的。这条准则既然是为过河的人制定的，那么就只适用于过河的人。而这名鞋匠是要过河吗？看起来，他倒更像是来捣乱的，既然不是过河的人那么就不再适用于过河准则，这样，悖论也就不存在了。

应聘比尔·盖茨的助手

比尔·盖茨招聘助手，应聘者众多，盖茨先生对他们说，我给你们出一道题目，谁最先答出来谁就被录用了。

他随手在桌子上拿起自己的名片，一共拿出了19张，其中8张正面向上。他对应聘者说道："如果蒙上你的眼睛，而你用手又摸不出名片的正反面。现在要求你把这些名片分成两部分，每一部分下面朝上的名片数都相同，应该怎样做呢？

盖茨先生话音刚落，应聘者中的朱迪站起来说道："我知道怎样做了。"最终朱迪被录用了，你知道朱迪是怎么做的吗？

★大显身手★

把卡片分成11+8两堆，然后把8张名片那堆反转。

剩余的蜡烛

在爱迪生发明出电灯以前，人们在夜晚只能点蜡烛。伊凡和他的伙伴们每天拿着蜡烛聚到一起学习，因为这样会更亮些。

（1）房间里一共点了12支蜡烛，因为有三名伙伴提前结束了学习，他们吹灭了3支蜡烛，那么第二天还有几支蜡烛？

（2）一个星期后，一起学习的伙伴更多了，伊凡和伙伴们学习时一共点了19支蜡烛，后来有几名伙伴做完作业走了，他们就吹灭了9支。这时，还剩多少支蜡烛？第二天还有多少支？

★大显身手★

（1）因房间里点了12支蜡烛，吹灭3支，其余9支全部烧尽，所以第二天只剩吹灭的3支蜡烛。

（2）刚吹灭蜡烛时还有19支，第二天还有9支。

因为当时点着19支蜡烛，后来吹灭了9支，那时，继续点着的10支加上吹灭的9支，是19支。

又因为继续点着的10支，没吹灭，到第二天，烧尽了。所以只剩下之前吹灭的9支。

罗伯塔教授的电话号码

86岁高龄的罗伯塔教授独自一人在家，这一天，他忽然中风，急忙拨打家人电话，可是这时他才想起来他的家人正在飞机上从国外赶回来，绝望之中，他只好往当地警局打电话，希望能得到帮助。警员接起了他的电话，可是罗伯塔教授的面部肌肉完全不受控制，他一句话也说不出来，只得无奈地敲击话筒让对方知道电话这边有人，并不是一个恶作剧电话。

所幸接电话的是一名经验丰富的警官维尔文先生，他察觉出异常，便试探着问道："您好，您是想告诉我们您那里出现了什么特殊情况，是吗？"

罗伯塔教授喜出望外，赶忙再次敲击话筒。

维尔文警官猜想，这个区域有很多老年人单独在家，这很可能是独居的老人出现了什么特殊情况，说不出话来，也许是中风，甚至可能是突发心脏病。只有尽快弄清楚对方的地址才能赶过去给予帮助。可是对方又说不出话来，怎么办呢？

突然，维尔文警官灵机一动，对他说："我需要知道您的电话号码以便查到您的地址，现在我向您问问题，您敲击一下话筒，表示'是'；敲击两下，表示'不是'，好吗？"

对方迟疑了一下，不过还是敲击了一下话筒，表示同意。

这是一座有着几百万人口的城市，电话号码是7位数。维尔文警官想要确定对方的电话号码，需要问多少次啊。可是，维尔文警官确信自己最多只要问24次问题，就能知道对方的电话号码。

维尔文警官的第一个问题是："您的电话号码大于5 000 000吗？"

罗伯塔教授敲击了一下话筒，表示是的。

"您的电话号码大于7 500 000吗？"维尔文警官接着问道。

又传来一下敲击声。

★大显身手★

请继续提最多22个问题，确定出罗伯塔教授的电话号码。

罗伯塔教授的电话号码是7位数，那么这个数字一定在1 000 000与9 999 999之间。

维尔文警官知道罗伯塔教授只能用敲击话筒给出回应时，便想到最好的沟通方法就是只需要对方回答是或不是。

维尔文警官的办法是：取1 000 000与9 999 999中间的数即5 000 000，然后问对方的电话号码是否大于5 000 000，这样就可以确定彼得先生的这个电话号码是在1 000 000与5 000 000之间，还是在5 000 000与9 999 999之间了。在得到回答后，不断重复上述步骤，如：您的电话号码是在7 500 000与9 999 999之间吗？您的电话号码是在8 750 000与9 999 999之间吗？如此每次都取上一个范围的中间数来提问，问24次就可以得到要找的电话号码，因为2的24次方=16 777 216，它大于七位数中最大的一个数9 999 999。

……

第18次提问：这个数大于9 360 750吗？不是

第19次提问：这个数大于9 360 725吗？不是

第20次提问：这个数大于9 360 712吗？不是

第21次提问：这个数大于9 360 706吗？不是

第22次提问：这个数大于9 360 703吗？不是

第23次提问：这个数大于9 360 702吗？不是

第24次提问：这个数大于9 360 701吗？是的

由此就可以查得电话号码是9 360 702。维尔文警官一共只问了24个问题。

第四讲

哈佛帮你——举一反三类比推理

摄影比赛

伦敦举办了一场规模宏大的摄影比赛，在参赛的作品中，有一张来自伯明翰的照片引起了评委们的关注。在这张照片中，有一个小男孩正划着了一根火柴，要去点蜡烛，窗外，正对着照相机的镜头，一名穿着白衬衫的男子正从楼上坠落。作者在照片说明中称这张照片是在8月26日晚上10点15分拍摄的。当时米兰达先生正在阳台上欣赏夜空的星星，忽然刮来一阵狂风，将身形瘦弱的米兰达卷起来摔死在楼下，在他从楼上坠落时，作者正对着室外方向拍摄小男孩，结果坠落的米兰达也进入了作者的镜头。评委们一致通过，同意把一等奖颁给这张照片的作者，可是另一位参赛选手却非常肯定地指出这张照片是假的。

★大显身手★

你知道那位参赛选手为什么这么说吗？

当狂风袭来时，如果窗户开着，小男孩很难点燃火柴，即使他

122

刚点燃也会马上被狂风吹熄。而且拍摄照片的时间是在夜间，要开着闪光灯，由于房间里比房间外亮得多，所以照相机不可能拍到窗外的景象。

2 救命的水

几百年前的一天夜间，比利时的人民为了庆祝自己击退了外国侵略者，全城的人都聚集在城市的广场欢呼歌唱来表达喜悦之情。首都布鲁塞尔的市中心更是聚集了无数的人们，热闹非凡，七彩的灯光闪耀着，钟声、礼炮声和人们的笑声此起彼伏，交织成华美的乐章，在城市的上空回荡。

所有人都在欢庆胜利的到来，谁也没有察觉到潜在的危险正向他们袭来，战败的侵略者仍不死心，派了一名间谍溜进了政府办公大楼的地下室，在那里堆放了很多炸药，此时只要有一个小火苗，就足以引起巨大的爆炸，这些炸药的威力可以把整个政府办公大楼炸毁，甚至附近的房屋也不能幸免，只需一瞬间，就能让欢呼的人们又陷入悲痛中。

间谍把炸药堆放好后，拿出一条很长的导火线连在炸药上，然后一直延伸到大楼后面的花园里，他点着导火线后，看着火苗不断向地下室逼近，就满意地离开了。导火线快速地燃烧着，所有人都没有发现这黑暗中刺眼的火花。一个巨大的阴谋即将得逞！

正在这危急的紧要关头，刚巧有个小男孩跟同伴追逐着跑到花园里，他马上注意到了那闪着火花的导火线，正在一步一步地靠近地下室的入口。经历了战争的人们，即使是小孩，也立刻明白是怎么回事，他知道地下室一定有火药，要立刻找来水把导火线浇灭，可是政府办公大楼的门锁着，在这十万火急的关头，到哪里去找水呢。跑到较远的地方去打水恐怕没有足够的时间了；临时去找大人来帮忙也要耽误不少时间，恐怕等不了那么久了。正在他焦急之时，追他的小伙伴边跑边说了一句话，他一下就想到了一个好办法，把火浇灭了。

★大显身手★

请问，你知道小男孩用的什么办法吗？

小男孩的伙伴说，"我想要撒尿"，小男孩一听，马上跑到导火线跟前，朝导火线上撒了一泡尿。这真是救命的水，一下子就把导火线浇灭了。

克里斯挑选队员

S市的富商克里斯非常热爱探险，近日，他在S市举办了一场考验智力和分析能力的比赛，并将在比赛中挑选胜出者加入他的探险队，成为其中一名队员，由于酬金丰厚，参赛者络绎不绝。以下是其中一道比赛试题，你能解答吗？

有一堆沙子和一块重400克的铅块，要求用天平称出40堆沙子，每堆沙子的重量分别为10克、20克、30克……一直到400克，每堆重量以10克递增，铅块最多只能分成四块以用作砝码。

★大显身手★

应该将铅块分别分割成多重的四块呢？

首先，第一块铅块必须是10克。由于天平两边都可以放砝码，所以第二块碎片可以是30克。将第一、第二块铅块分别放在天平两端就可以称出20克，放在一起可以称出40克。40克的砝码加上50克的物品一共是90克，那么第三块铅块一定重90克，所以第四块铅块重270克。

抓捕毒贩

边境一个小城近几个月贩毒活动猖狂，警局从各地调派了26名经验丰富的特警专门抓捕毒贩。这26名特警在26天的时间里共抓获了26名毒贩，那么在79天里抓获79名毒贩需要多少特警？

★大显身手★

你知道答案吗？

79名？不需要那么多，实际上还是26名特警就够了。

根据文中所述，可以算出，26名特警在1天里能抓获1名毒贩，所以他们79天就能抓获79名毒贩。

直接得出79名这个答案的同学多半是只注意到了"数"，而没有理清"量"的关系。我们可以这样来计算，人数不变，用26天的时间，这些特警可以抓获26名毒贩，那么也就是说，这26名特警每1天可以抓获1名毒贩，而不是很多同学认为的1名特警每1天抓1名毒贩。那么在79天里抓捕79名毒贩仍然是需要26名特警。

纯金皇冠

　　国王近日收到战败的敌国进贡的一顶纯金的皇冠，皇冠是由敌国手艺第一的工匠制作，式样非常漂亮，所有的细节处都做得特别精巧别致，国王非常高兴，赏了使者很多钱，并答应不再进攻他们。可是，没过多久国王却收到密探的报告，报告中说："敌国虽表面臣服，但仍有反心，他们进贡的皇冠，并不是纯金的，里面掺了铜。"

　　国王收到报告后，便找来他最信任的大臣，让他想办法来证实皇冠到底是不是纯金的，但在证实前不能损坏皇冠。这可难坏了这位大臣，他回到家里苦思了好几天，也没能想到验证的方法，急得他每天茶饭不思。他甚至把全府的人都召集来坐在一起想办法，令他没想到的是，他刚说完，府里的一名杂役就表示他可以解决这个难题。

　　他说了怎样检测之后，大臣听了直点头，并带他去见国王。这位杂役当着国王的面演示了一下，国王看完后当即给了他一大笔赏赐。

★大显身手★

你知道这位杂役是怎么检测的吗？

杂役在厨房帮忙，每天搬菜的时候，发现同样大小的一箱食物，肉要比青菜重得多。那么也就是说同样的重量，肉所占的空间要比青菜小很多，所以只要称量出与皇冠一样重的黄金，看它们占的空间是否一样就知道皇冠是否是纯金的了。不规则的皇冠怎样看它所占的空间呢？取两个一样大的容器装满水，容器外面再放一个大一些的容器，分别把等重的黄金和皇冠放入两个容器里，如果溢出到外面大一些的容器里的水一样多，就说明皇冠是纯金的，反之，则不是。

其实这就是一个密度和体积的问题，同样重量，如果放入容器中溢出的水一样多，就说明体积一样，那密度就也一样，就肯定是纯金的，如果掺了铜，密度肯定不一样，溢出的水量就自然也不一样了。

6
乔治办公室的灯

乔治的办公室里有三盏灯，办公室外面有三个开关，每个开关控制一盏灯，在办公室外面看不到房间里面。怎样只进房间一次，就知道哪盏灯由哪个开关控制呢？ 如果是四盏灯四个开关的情况又怎样确定呢？

★大显身手★

你知道怎么做吗？

先打开一盏灯，一段时间后关了，再打开另一盏，然后进办公室看，亮的为第二个开关控制的，摸起来灯泡发热的为第一个开关控制的，剩下的一盏也就确定了。

四盏灯的情况：把四个开关编号为ABCD，先打开AB，等待一段时间后关掉B打开C，然后进办公室，灯泡亮着又发热的为A，灯泡发热而不亮的为B，灯泡亮着但不热的为C，剩下的既不亮也不热一盏为D。

汽车模型的颜色

吉尔兄弟三人和两位表兄聚在一起，吉尔的爸爸带回来5个小箱子，里面分别装着紫、蓝、金、米、白五种颜色的汽车模型。爸爸让他们表兄弟五个来猜颜色，每人可以猜两次，猜对哪个盒子的，哪个盒子里的模型就送给他。我们先用A、B、C、D、E来代表吉尔表兄弟5人。A说：第二箱白色，第三箱金色。B说：第二箱蓝色，第四箱紫色。C说：第一箱紫色，第五箱米色。D说：第三箱蓝色，第四箱米色。E说：第二箱金色，第五箱白色。还真巧了，他们几人猜完之后，爸爸发现每人都猜对了一个。

★大显身手★

请问每个箱子里装的是什么颜色的模型呢？

假设A猜第二箱是白色的是正确的，那第三箱就不是金色的。B猜第二箱是蓝色的就是错误的，那第四箱就是紫色的。这样C猜第一箱是紫色的错误，那第五箱就是米色的。那么E猜第五箱是白色的就是错误的，第二箱应是金色的。这与假设相矛盾，可见A猜第二箱是白色的是错误的，那么第三箱应是金色的。由此可推理出第一箱是紫色的，第二箱是蓝色的，第四箱是米色的，第五箱是白色的。

四名医生

安德鲁、温妮（女）、理查德和尤兰达（女）都是医生。一天，他们坐在一起为一名病人会诊。

（A）安德鲁与外科医生坐在正对面；

（B）温妮坐在神经科医生的右边；

（C）尤兰达坐在理查德的正对面；

（D）坐在理查德右边的是一个男子；

（E）骨科医生坐在传染病科医生的左边。

★大显身手★

这四个人分别是哪个科室的医生？

安德鲁是传染病科医生，温妮是外科医生，理查德是骨科医生，尤兰达是神经科医生。

采摘葡萄

　　巴特利家有几片面积相等的葡萄园，一天巴特利和几名采摘工人一起去葡萄园摘葡萄，他们先来到第一片葡萄园，按人数每人分到一块相等面积的葡萄园。几小时后，其中几个人已经摘完了，于是先完成的几个人来到第二片葡萄园，又按面积平分了一下。几小时后又有几个人先完成了，于是先完成的几个人又来到第三片葡萄园，他们摘完第三片葡萄园后，其中一个人说了句："嗨，我摘的面积加起来正好是一整片葡萄园的面积。"

★大显身手★

　　请问：一共有几人参与摘葡萄？

　　摘完第三片葡萄园的人摘的面积正好是一整片葡萄园的面积，他分三次摘完。我们假定第一片葡萄园有x个人摘，第二片葡萄园有y个人摘，第三片葡萄园有z个人摘。x、y、z都是自然数，而且后面两片参与摘葡萄的人越来越少，所以x>y>z。又已知1/x、1/y和1/z三个数相加等于1，那么1/z一定大于1/3，小于1，所以z只能是2。

于是我们很容易得出结论：x、y、z三个数的值分别是6、3和2。

所以，这次参与摘葡萄的一共有六个人。

丝嘉丽与卡罗琳的花

丝嘉丽在花园里遇到了她的姐姐卡罗琳，她们手上都拿着刚采的几枝花。丝嘉丽说："如果你给我一枝花，那我的花就是你的两倍了。"

卡罗琳说："如果你给我一枝花，那我们的花就一样多了。"

★大显身手★

你能知道，她们各有多少枝花吗？

由卡罗琳所说的，丝嘉丽拿出一朵花给她，她们的花就一样多了，可见她比丝嘉丽拿的花少2枝。卡罗琳比丝嘉丽少2枝花，要是她拿出一枝花来，不是给丝嘉丽，而是给其他的某个人，那丝嘉丽所有的花就比卡罗琳多3枝；要是这枝花给了丝嘉丽，而不是给其他的人，那丝嘉丽所有的花就比卡罗琳剩下的花多4枝。这时，丝嘉丽有的花是卡罗琳的两倍，也就是，卡罗琳剩下的花是4枝了。

所以，卡罗琳有5枝花，丝嘉丽有7枝花。

聪明的马丁

马丁的父亲开了一家便利店，店里出售他自制的朗姆酒，因为味道好、价格低，非常受欢迎。这一天马丁的父亲有事外出，让马丁临时照看店铺。一位老客人又来店里买酒，客人要2两，可是酒缸里只有一个7两和一个11两的舀酒的勺子。马丁找了半天也没找到其他的勺子。最后他想了想，居然用这两个勺子在酒缸里舀出了2两酒。

★大显身手★

你能知道，他是怎么做到的吗？

用7两的勺子舀满酒倒入11两的勺子中，再用7两的勺子舀满酒倒入11两的勺子一次，此时11两的勺子装满，7两中剩余3两。把

11两的勺子倒空，将那3两倒入11两的勺子中，再用7两的勺子舀满酒两的勺子次倒入11两装满，此时7两的勺子中剩余6两。再将11两的勺子倒空，将6两倒入，然后用7两的勺子舀满酒倒入11两的勺子中，此时7两的勺子中剩余的就是2两。

菲利克斯的称量难题

留学生菲利克斯向他的中国同学小明请教如何做中国菜，小明教给菲利克斯一道汤的做法，并把所有的步骤和需要的调料都写在一张纸上，买回材料准备认真做汤时菲利克斯却犯了愁，因为纸上写着要放10克盐……在我们看来这是一件很简单的事，可是菲利克斯却试图精确地量出10克盐，他四处翻了翻，居然找到一架天平，一包盐总共是80克，菲利克斯还有一袋20克重的五香粉可以利用，经过一番思考，菲利克斯以现有的物品称对了盐的分量。

★大显身手★

那么，你知道他是如何称出这10克盐的吗？

首先，把20克重的五香粉放在天平一边，把盐分成两份，放在天平两边的托盘中。通过不断添加、调节两边的盐的量使天平平衡。这时，天平上没有五香粉的一边有50克的盐，另一边有30克。

取下50克盐，天平一边放五香粉，另一边放30克的盐，用小勺慢慢地往下取盐，使天平再次平衡。

这时天平上还有20克盐，而取下的盐正好是10克。

富有大亨的投资选择

有一位经营贵金属的大亨目前有两项投资选择，这两项投资的风险情况都差不多，收益情况分别是：

A项目：每半年收益5万元，每半年收益增加5千元。

B项目：每年收益10万元，每年收益增加2万元。

经过一番考虑，大亨选了两者中收益最好的项目。

★大显身手★

你知道大亨选的是哪个项目吗？为什么？

从表面上看，两项投资的年收益都是10万元，A项目每年收益增加1万元，B项目每年收益增加2万元。所以是B项目收益比较高。如果你这么想，那你就答错了。

把两个项目每年的收益都计算出来，就可以一清二楚。

第一年

A项目：50 000元+55 000元=105 000元

B项目：100 000元

第二年

A项目：60 000元+65 000元=125 000元

B项目：120 000元

第三年

A项目：70 000元+75 000元=145 000元

B项目：140 000元

依此类推，选择A项目每年都可以多收入5 000元。虽然A项目的初始收益低，但是增加的次数多，所以整体收益走到了前面。

孩子的年龄

　　一位儿童杂志推销员来到凯瑟琳太太家，这名杂志推销员很有经验，他并不直接向凯瑟琳太太推荐他们的杂志，而是与她攀谈起来，在聊天中他得知凯瑟琳太太有三个儿子，便顺势向凯瑟琳太太展示了一份杂志样本，说明这份杂志很适合小男孩读。这时凯瑟琳太太笑了笑，给这名推销员出了个题目，她说："如果你能猜出我几个儿子的年龄，我就订购你的杂志。他们三人的年龄相乘等于72，他们的年龄相加，就刚好是我家的楼层数了。"

　　推销员想了一下，楼层数是14，可是确定他们的年龄还需要一点信息，便又问道："您的三个孩子都在家吗？"

　　凯瑟琳太太说："我的大儿子还没有放学回来，不然可以让他自己来看看喜不喜欢你的杂志。"

　　推销员笑道："我猜出他们的年龄了。"

★大显身手★

　　你知道推销员是如何推理猜出孩子们的年龄吗？

三个孩子的年龄都是自然数，三个数相乘是72，只有3、4、6，2、3、12，2、6、6，3、3、8这四种情况，又已知三个数相加为14，可知只能是2、6、6或3、3、8这两种情况。仅凭前面这两点信息，推销员还无法确定三个孩子的年龄是哪种情况，当听到凯瑟琳太太说"大儿子"时，他就知道应该是3、3、8了。

搬运工人的合理安排

某建筑工地有一堆碎石要运往一个大型垃圾场，他们请来8名搬运工人，并提供了2辆可自动卸货的小型卡车。在装车前，这几名工人商量怎样做工作效率最高。有人提议将8个人分为两组，每4个人一组，两辆车同时装；还有人提议不分组，所有人一起装车，第一辆装满后再装第二辆。最后，他们采用了工作效率最高的提议。

★大显身手★

你知道，他们采用了哪种方法呢？为什么？

乍看起来，两种方法似乎花费的时间一样，不过，经过计算比较我们就会发现，其实不然。

假设每15分钟全部工人可以装好一车，卡车往返于工地及垃圾场的时间是半小时。当工人分为两组工作时，装好一车需要半小时，前半小时每组各装好了1车，后半小时卡车开往垃圾场并返回，由此可计算出，1小时内装了2车，运了2车。

当8名工人一起装车时，第一辆车15分钟就装好了，然后第一辆车马上出发；工人开始装第二辆车，又用了15分钟，这时第二辆车出发；第三个15分钟后，第一辆车已返回；在第四个15分钟，工人又可以装好这辆已经返回的车。工人不分组时，1小时内装了3车，运了2车。

由此可以看出，不分组的装车效率要高于分组的，因为分组装车浪费了汽车在路上行驶的时间。

不合格的金戒指

伊丽丝太太从一家首饰店订购了13枚一模一样的金戒指，但是因为制作工人操作失误，导致这13枚戒指中，有一枚不合格，伊丽丝太太只知道它的重量与其他的戒指不同，但不知是轻了还是重了，因为差别很小，不用工具很难分辨出来。

★大显身手★

如果给你一架天平，你能仅称量3次，就把它找出来吗？

取8枚戒指，分别放4枚在天平的两端，如果天平保持平衡，就表明不合格的在另外的5枚里，再称两次就可轻易找出。

如果天平不平衡，就表明不合格的戒指在这8枚里，此时要记住哪几枚戒指是在轻的一边，哪几枚戒指是在重的一边。既然剩下的5枚是合格的，可以当作砝码。在清空天平后，把这5枚合格的戒指放在天平的一端，然后在轻的一堆中取2枚，重的一堆中取3枚放在另一端。此时如果另一端低，说明不合格的在重的那堆中所取的3枚戒指里，现称一次即可确定。其他情况就比较简单了，这里不再赘述。

爱德华的硬币

爱德华是一个聪明又懂事的孩子，他的妈妈为了表扬他经常会奖励一些硬币给他作为零花钱。一天，爱德华不小心把硬币从存钱罐里撒了出来，正在他往回捡的时候，妈妈进来了，就问他："爱德华，你现在有多少硬币了？。"爱德华数了一下，没有直接告诉妈妈，而是给妈妈出了个题目。他说："我的目标是在圣诞节前攒够50枚，不过现在还不够，如果在现有的数量上再加上3枚，就能够被5整除。如果减去3枚，那就能够被6整除。"妈妈想了一下，赞许地笑了笑。

★大显身手★

你知道一共是多少枚硬币吗？

已知硬币数加上3能够被5整除，那么它的个位数只能是2或者7；又已知硬币数减去3能够被6整除，那么它的个位数不会是2，否则减去3后个位数变成了9，那样不能被6整除。

所以，它的个位数一定是7。再来考虑十位数，因为硬币不到50枚，所以十位数在1至4之间，最后的答案只能是27枚。

家庭剧投资商

弗朗西·史瑞克有两个妹妹：多丽丝和多萝；弗朗西·史瑞克的女友依娃·琼斯有两个弟弟：芬恩和菲尔。

他们的职业分别是：

弗朗西——音乐家

芬恩——音乐家

多丽丝——音乐家

菲尔——摄影家

多萝——摄影家

依娃——摄影家

他们6人中有一人是近期热映的一部家庭剧的投资商，其他五人中有一人正是该剧的编剧。

A. 如果投资商和编剧是亲属，则编剧是个音乐家；

B. 如果投资商和编剧不是亲属，则编剧是位男士；

C. 如果投资商和编剧职业相同，则编剧是位女士；

D. 如果投资商和编剧职业不同，则编剧姓琼斯；

E. 如果投资商和编剧性别相同，则编剧是个音乐家；

F. 如果投资商和编剧性别不同，则编剧姓史瑞克。

★大显身手★

谁是这部家庭剧的投资商？

根据以上条件中的假设，A和B的描述相矛盾，其中必定有一个是正确的，一个是错误的。同样，C和D，E和F，也是两项描述相矛盾，每两项中只有一个会是正确的。

根据以上条件中的结论，A和E不可能同时正确。同样，B和C，D和F，也是两项描述不可能同时正确。因此，正确的情况要么是A、C和F组合，要么是B、D和E 组合。

如果A、C和F的描述是正确的，则根据这些描述中的结论，编剧是依娃，一位琼斯家的女摄影家。于是，根据描述中的假设，家庭剧的投资商是菲尔，一位琼斯家的男摄影家。

如果B、D和E的描述是正确的，则根据这些描述中的结论，编剧是弗朗西，一位史瑞克家的男音乐家。于是，根据描述中的假设，家庭剧的投资商是菲尔，一位琼斯家的男摄影家。

因此，无论是哪一种情况，这部家庭剧的投资商都是菲尔。

打包埃菲尔铁塔模型

　　一名游客来到著名的埃菲尔铁塔浏览，他的朋友得知后想让他带一些小的埃菲尔铁塔模型回去。因为纪念品店客人非常多，为纪念品打包也需要时间，所以这名游客提前给纪念品店打电话说明了他的要求，他说："我想要一些小的铁塔模型，不过现在还确定不了数量，要等我的朋友给我回电话，我最少要1个，最多要15个，因为我要赶飞机，所以我到达您店里时没有停留的时间，拿上纪念品就得走，请您想办法帮我准备。"

　　如果把每个铁塔模型分别打包，游客要15个的话，就是15个包裹，很不方便。可是打包在一起，又不知游客到底要几个。

★大显身手★

　　怎样打包铁塔模型既能使包裹量最少，又能让游客直接取走，不需要等待呢？

　　我们从1到15，逐一分析。

　　（1）一定要有一个包裹是只有一个铁塔模型的，否则，游客只要一个模型就没办法了。

（2）也要有一个包裹是有两个铁塔模型的，原因同上。还需要有三个模型的包裹吗？不需要了，因为把前面两个包裹加在一起就有3个模型了。

（3）第三个包裹要装4个铁塔模型，因为2+1只有3（前面两个包裹相加），满足不了游客需要4个模型的情况。至于5、6、7这三个数量，就不需要另外打包了，因为4+1=5，4+2＝6，4+2+1=7，这三个数量都可以用前面三个包裹相加得出。

（4）第四个包裹要装8个铁塔模型，因为前面的包裹相加最多只有7个。而9至15之前的数量就可以用前面的包裹相加得出了。这样，纪念品店的店员只需要准备四个包裹，每个包裹里分别放上1、2、4、8个铁塔模型就可以了。游客到达后，不管他要几个，都可以随时取走。

趣味天平问题

（1）取一架天平，在它的两端各放一个相同的有杯盖的密封玻璃杯，在杯盖上用细线悬挂一个同样的小沙袋。此时天平是平衡的。现在用透镜反射阳光，使其聚焦在一边的细线上，之后沙袋落下。问在沙袋刚开始落下的一瞬间，天平还是平衡的吗？

（2）取一架天平，在它的两端各放一个相同的玻璃杯，里面装的水也一样多，此时天平是平衡的。现在把一根手指放入其中一边的水中，问天平还是平衡的吗？

（3）取一架天平，在它的两端各放一只有杯盖的玻璃杯，其中一个玻璃杯里面有一只活蜜蜂。当蜜蜂停在瓶底时，天平是平衡的，那么，在蜜蜂飞起来的一瞬间天平还是平衡的吗？

（4）取一架天平，在它的两端各放一个水盆，里面装了一样重的水。此时往右边的水盆里放进一条泥鳅，泥鳅自由地游着。这时天平还是平衡的吗？

（5）取一架天平，在它的两端放两个重量相等的塑料盒，一个装满空气，一个是空的，将两个盒子放在天平的两边后，天平还是平衡的吗？

★大显身手★

如果你知道以上五个题的答案，请依次说出来。

上面五个问题，里面陷阱很多，如果没有抓住问题的关键，就会出错。比如第一问题：我们可以会想，悬挂沙袋的线烧断了，沙袋落下，还是落在玻璃杯里，他们的总重量并没有变化。这样就想错了，在沙袋刚刚下落的一瞬间，还没有落到杯底，此时沙袋是处在什么状态呢？在这个状态下，整个杯子的重量会不会有变化呢？

要深入思考，找出问题的关键。

（1）沙袋在开始下落到杯底的过程中处于失重状态，因此整个杯子的重量变轻了，沙袋下落的这一边将向上倾斜。

（2）把手指放入水中，水会对手指产生浮力。这样，人体的一部分重量就从地面转移到玻璃杯里了，所以，浸进手指的一边将加重，这一侧的天平将向下倾斜。

（3）天平不动。因为蜜蜂飞起的时候，会扇动翅膀来支持重量，在它向上飞的时候会给下面的空气一个反作用力，这个力通过空气仍然作用在杯子底部。

（4）大家不要被上面的题目迷惑，这道题其实很简单，是左边重。因为增加了一条泥鳅的重量。

（5）天平仍旧是平衡的。因为塑料盒里空气的重量与塑料盒所受的空气浮力互相抵消了，所以它还是一个塑料盒的重量。

21
谁先骑马

贝洛尼和简是姐妹俩，周末她们到郊外去学习骑马，由于一位教练临时请假，姐妹俩只能轮流骑马。谁先骑呢？这时教练说给她们出个题，谁获胜谁就先骑，姐妹俩都同意了。

教练说："这个游戏很简单，你们两个人轮流说一个1到10之间的数字，然后另一个人再在这个数的基础上加上一个1到10之间的数字，按照这个规则，双方轮流在之前的数字上累加，谁先加到100谁就赢得这个游戏了。"

★大显身手★

你能设计出一种必胜的方案吗？

要设计一种先加到100的方案，你必须先加到89，这样使与你比赛的人无法加到90～99之间的一个数，那么加到100的人一定是你了。接下来则要思考怎样能先加到89，从89再往前推11，则可得到数字78，和刚才说的原理一样，先加到78的人就一定可以加到89。那么怎样能保证你可以加到78呢，还用前面的方法，依次减去11，最后得到一个数字序列：

1，12，23，34，45，56，67，78，89

只要与你比赛的人所说出的数字不在这组数字内，你一定可以加上一个1～10之间的数，得到上面所列这组数字中的一个。接着依次加上相应的数说出序列中的数，那么先加到100的那个人一定是你。

如果与你比赛的人没有想到这个方法，那你一定会赢的。

太空卫星

　　某国航空局向宇宙中发射了四枚太空卫星宇宙飞船，用于探索太空。其中一枚每2周往回传送一次数据，另一枚每6周往回传送一次数据，还有两枚分别是每12周和16周才往回传送一次数据。

★大显身手★

　　这几枚卫星都是同一天发射的，那么它们什么时候会在同一天回传数据？

　　四枚卫星要在同一天回传数据，所需的时间应为四枚卫星各自回传数据所需时间的最小公倍数。2、6、12、16的最小公倍数为48，因此这四枚卫星要在48周后才会在同一天回传数据。

23

趣味数字

弗雷德大学毕业去一家公司应聘会计的职位。弗雷德到达时，前面已经排了很长的队，都是来面试的。等排到弗雷德时，他想面试官面试了这么多人，一定觉得很枯燥，我何不换个方式来引起面试官的注意呢？想到这里，弗雷德没有像大多数面试者那样不停地介绍自己得过哪些奖项，成绩多么优异等等，而是对面试官说："面试的人这么多，各位也一定累了，我先为大家表演一个小魔术轻松一下吧。"说罢他发给每位面试官一张纸，并神秘地说："我的专业是学会计的，天天跟数字打交道，所以我跟数字之间都有感情了，它们很听我的话。现在请你们在纸上任意写4个不重复的自然数，我确定，从中一定有两个数的差能被3整除。"

面试官们已经面试了一上午，个个都疲惫不堪，听到弗雷德这么说，便配合弗雷德写上数字，当他们把自己写的数字都展示出来时，还真的发现情况跟弗雷德说的一样，这不禁引起了面试官们的兴趣，最终弗雷德得到了这份工作。其实这个原理并不难，只是面试官们都是做招聘工作的，平时很少和数字打交道，所以一时没有猜透。

★大显身手★

你知道这是怎么回事吗？

其实，这是一个简单的数学规律，当任何一个自然数除以3时，余数只会出现3种可能，即余0、余1、余2。所以按照除以3之后的余数来把自然数分类，最后只能分出3类。这时如果我们选4个数字，至少有两个数字的余数是相等的，而这两个数相减，当然可以被3整除了。同学们只要平时多观察、多思考，也能提出一些有趣的题目。

24 椰子的价格

明天就是感恩节了，邓肯到市场上去买水果。他来到一个椰子摊前，老板告诉他满6斤的椰子每斤3元；6斤以下的椰子，每斤2.5元。邓肯挑了一个椰子后，老板称完，说："这个椰子正好16元。"邓肯都没有看秤就说："老板，你算错了！"邓肯说的对吗？

★大显身手★

如果邓肯说的对，你知道为什么吗？

邓肯说的对。如果是满6斤的椰子，每斤3元，最少要18元。而不满6斤的，每斤2.5元，椰子的最高价格会无限趋近于15元，所以一个椰子不会出现16元这个价格。

铜线的温度

一根连在电路上的铜线，逐渐变热了。这时用冷水滴在铜线的左端，那么，铜线右端的温度会有什么变化？

A说："右端的温度也会降低！"

B说："不对，右端的温度应该比刚才高！"

C说："右端的温度应该没有变化。"

那么谁说得对呢？

★大显身手★

如果你知道谁说得对，请说出为什么。

B说得对。不能只考虑水滴对温度的影响，要知道这跟铜线是连在电路上的。铜线左端遇冷之后，整根铜线的电阻变小了，电流增大，所以右端温度升高。

26

米尔顿的生日礼物

米尔顿生日这天，爸爸送给他一份神秘的礼物，为了给他一个惊喜，爸爸不告诉他礼物是什么，而且还把礼物装在一个带有密码锁的铁盒子里。密码锁上一共有六组数字，爸爸告诉米尔顿，这六组数字是有规律的，现在只有一组数字不对，只要找出其中的规律就能校正那组错误的数字，拿到生日礼物。

米尔顿看到密码锁上的六组数字每组由两个数字组成，这六组分别是：08、11、16、25、32、43。米尔顿想了半天也没有找出那个数字。

★大显身手★

你能帮他解决这个难题并顺利拿出生日礼物吗？

这是一组数列，只要算出每两组相邻的数字的差，就能找出不同的数字了。从左边开始，每两组数字之间的差分别是3、5、9、7、11，可见它们的顺序应该是3、5、7、9、11，所以那组与众不同的数字就是"25"，在这个位置上的数字应该是"23"。

第五讲

哈佛帮你——头脑风暴集思广益

故布疑阵

1802 年 9 月的一天早上，德国的海军在对英军的作战中，首战告捷，两艘战船满载缴获的武器及各种物资，正驶回他们占领的港口那吉斯军港。

"早就知道那些英国海军都很差劲，但是没想到竟不堪一击到如此地步。"

"是啊是啊，那些英国海军只有吹牛厉害，其他的都不行，一个个胆小如鼠，才一听到我们要来进攻，就都吓破了胆，躲在船舱里，连气都不敢出了，哈哈……"船上德国的士兵们口没遮拦地说笑着。

"各位请注意！我们就要驶入那吉斯军港了。"

指挥官发出了号令。

那吉斯军港上，德国的军旗迎风飘扬着，与往常没有任何不同，仿佛在迎接着这些凯旋之师。两艘战船徐徐驶入那吉斯军港，开始抛锚停泊，突然，四周响起洪亮的声音："两艘战船上的德国士兵们，那吉斯军港已被英军占领，你们不要试图抵抗了，赶快放下武器投降吧。我军一向不杀俘虏。"

两艘战船上的士兵一下听愣了。这是怎么回事，军港顶端明明是我军的军旗啊。可是，四周的喊话声陆续传来，不断重复，终于让他们从胜利的假象中回过神来，德军指挥官拿过望远镜向远处一看，只见几门大炮的炮口正对准着他们呢。不知发生了什么，真的是英军。反抗无疑是徒劳的。德军只好投降，不一会儿，两艘战船上就升起了白旗。

★大显身手★

这是怎么回事呢？

原来，英军在占领了那吉斯军港后，指挥官彼埃尔将军立刻下达命令：一切保持军港原状，特别是军港顶部飘扬的德军军旗不能动。这样在德军返回时，就会看到一个那吉斯港还在他们控制下的假象，而没有任何防备。最后英军不费一枪一弹，俘虏了德军士兵。

2 嫌疑犯博弈

    凯斯特镇一名富商遭人绑架并被残忍地杀害。现在警方抓获了两名嫌疑犯。这两名嫌疑犯都有前科，他们都很清楚，如果招供绑架杀人罪行，将被判处入狱6年。如果不招供而被对方揭发，将从重判处入狱9年，而对方会因为揭发有功被从轻判处入狱2年。如果两名嫌疑犯都坚持不招供，那么警方凭借手中已掌握的人证物证尚不足以裁定他们的杀人罪，只能以绑架罪判处二人各入狱4年。为了防止他们串供，警方将两名嫌疑犯分开关押，使他们不能互通信息。

★大显身手★

    请问，这两名嫌疑犯将会如何做？

    一般情况下，这两名嫌疑犯都会招供。因为"坦白从宽"的概念已经深入人心，虽然，这里的坦白并不能够从宽。但是对于罪犯的心理压力来说减小了，说出来反而坦然了。

    从罪犯的心理来说，如果对方招供，自己不招供，自己要入狱9年，对方只要2年，那么吃亏的就是自己，自己做出牺牲，却捞不到半点好处。如果对方不招供，自己也不招供，那么入狱4年；如果对方不招供，自己招供只需要入狱2年，所以罪犯抱着能够使自己的利益得到保障会选择招供。

这是一个非常著名的"囚徒困境"问题，人们会理性地选择最优策略，以追求利益最大化，然而在这个安全中，人们却因为自己的理性而使自己利益受损，无法取得最大利益。它反映出个人理性和集体理性的矛盾，人类的个体理性有时会造成集体的非理性——聪明反被聪明误。

三兄弟分羊

兄弟三人合资买羊。老大出了全部资金的1/2，老二出了1/4，老三出了1/5。他们拿着这些钱在集市上买到了19只羊，但是在分羊的时候几个人却分不清了。按理说应该按照每个人所出资金的比例来分羊，可是又不能用刀把羊分开啊。于是三兄弟在分羊的时候发起愁来了。

这时卖羊人听到他们三兄弟商量，就想了个办法，帮他们公平合理地把19只羊分开了。

★大显身手★

你知道卖羊人是怎么做的吗？

卖羊人从自己的羊中拿出一只加在三兄弟买的19只羊里面，这时羊的总数就变成了20只。这样老大分得1/2，就是10只；老二分得1/4，就是5只；老三分得1/5，就是4只。三个人一共得到19只羊，剩下1只羊正好还给卖羊人。

其实加上1只羊后来又拿走了，说明不加这只羊三兄弟也是可以分开的。

三兄弟分到羊的数量比是：1/2：1/4：1/5=10：5：4。这样就按照10：5：4的比例来分配就可以了，三人每人分得10只、5只、4只，正好是19只。

4

两个金属球

汤姆有两个金属圆球，大小一样，重量也相同，一个是银做的，一个是铝做的。球是空心的，它们的表面被喷了上油漆。从外表看不出来。

汤姆和小朋友拿出来玩的时候，还是被细心的露西发现了两个球的不同。不过，露西没有分辨出哪个是铝的，哪个是银的。

★大显身手★

你能分辨出哪个是银做的，哪个是铝做的吗？

把两个球旋转一下，看它们的速度，转得慢的那个球就是银球。因为银的密度大，在质量相同的情况下，银球的体积比较小，又因为两个球的外半径相同，所以可以推出银球的内半径较大，银球的转动惯量大，在相同的外加力矩之下，银球的角加速度较小，因此转得慢。

买咖啡

一位女士来到费城的一家咖啡馆，"请来一杯咖啡。"她对咖啡馆的女店员说。

"要牛奶咖啡还是黑咖啡？"女店员问。

"有什么不同吗？"女士问。

"牛奶咖啡90美分，黑咖啡1美元。"女店员回答。

哈佛学生最喜欢的
思维游戏

"我要黑咖啡。"女士说着，把1美元放在柜台上。

这时又有一位女士进了咖啡馆，说道："请来一杯咖啡。"然后把1美元放在柜台上。女店员没有问她，直接拿了一杯黑咖啡。

★大显身手★

店员怎么没问就知道第二位客人要的是黑咖啡呢？

第二位女士的1美元应该不是一张整钱，而是零的硬币，比如一个50美分，一个25美分，两个10美分，一个5美分，这样的钱币组合。如果这位女士想要90美分的牛奶咖啡，就只要给正好90美分的零钱就可以了。而这位女士拿出1美元的零钱，因此她一定是想要1美元的黑咖啡。

硬币游戏

乔蒂两姐妹做游戏，两人轮流在一张格子纸上摆上5美分的硬币，格子纸是报纸的1/4大小。每次摆一枚，可以摆在格子纸上的任何位置，但是不能与已经放好的硬币重叠。最后找不到能放硬币位置的人就输了。

★大显身手★

假设由你先放，你有办法一定能赢吗？

格子纸是报纸的1/4大，那么就是长方形的，这是一个对称图形，要利用格子纸是对称图形这个特点来摆。仔细想想，分析各种摆法发展下去的情形，就可以找到诀窍了。

先摆的人只要把第一枚硬币摆在格子纸的对称中心处，之后无论对方把硬币摆在哪里，你都只要摆在格子纸中心另一侧与之对称的位置上就可以了，只要对方能找到地方放硬币，你就也能找到位置，如此一定可以赢。

佐伊的爸爸

几个小孩在一起玩，都说自己的爸爸妈妈很厉害。索尼亚说："我爸爸见过的人，他几乎都能够猜对他们的年龄，无论对方怎么打扮。"艾米莉立刻说："我妈妈只要跟人说几句话，就能知道那个人是什么地方的人。"佐伊说："你们这些都算什么，我爸爸只要在店里看到客人买的东西，就能够猜到那个人的名字。"索尼亚和艾米莉都说佐伊吹牛，但是佐伊又说了一句话，他们就都信了。

★大显身手★

你知道佐伊的爸爸是做什么的吗？

佐伊的爸爸是开印章店，专为客人刻印章的。

8

插画书

希伯莱买了一本200页的插画资料的书。因为第3页至第12页这10页有他需要的插画，他就把它们剪了下来，夹到插画本里，这时书剩下190页。而希伯莱翻了翻书，发现第56页至75页这20页也有他喜欢的插画，于是他也把它们剪下来，夹到了插画本里。

★大显身手★

请问，你知道此时这本书还剩多少页？

168页。如果剪掉第3页至第12页之后，插画书还剩190页的话，那么剪掉第56页至第75页，就相当于是剪掉第55页至76页。因为，书是双面印刷的，剪掉的书等于包括最前面一页和最后面一页的背面那页。

轮船上的烟

一幅获奖的画上画着一艘轮船正在大海中航行，从海面上的波浪来看，船前进的速度不慢，可是画中船上冒出来的烟却是笔直的。是画家画错了吗？难道评奖的人没有注意到？

★大显身手★

你能解释这个现象吗？

这种情况是有可能的，如果当时的风向和风速跟这艘船航行的方向和速度一样的话，对船上冒出的烟而言，就仿佛处于无风状态，因此，烟会直直地往上冒。

化装专家

　　冈瑟先生是警局的一名人像识别专家及化装专家，他能够根据受害人的描述画出罪犯的样貌，而且非常准确；同时他也是一名化装专家，可以把一个人化装成另外一个样子，让别人完全认不出来。

　　一天夜里，冈瑟先生在警局忙完之后，回到家里。忽然有个陌生人闯了进来，他用枪指着冈瑟先生，让他不许喊叫。这个陌生人说："请不要害怕，只要你按我的要求去做，我就不会伤害你。"这时冈瑟先生看清了来人的样子，这不就是冈瑟先生下午刚在警局识别出的一名通缉犯吗？陌生人从随身的提包中又拿出一沓钱扔在冈瑟先生身边的桌子上，对他说："我知道你是谁，也知道你的本事，现在我要你把我化装成另外一个样子，让别人完全认不出来，我想你也知道警察在通缉我，只要你能帮我顺利离开这里，这些钱就归你了，我已经准备好了直升机，就在邻近的s市，只要你帮我化的装能保持我到s市之前的这几个小时就可以了。"

　　冈瑟先生没有办法拒绝，他想了一下，便开始给这名陌生人化装，化完之后，陌生人的确完全变了一个样子，根本没人认得出来他原来的样子了。他很满意。

这时陌生人站起来说："冈瑟先生，为了防止我一离开你就报警，还得让您受点委屈。我得把你绑起来，嘴巴也要塞紧以免你叫喊。不过你可以放心，在我离开之后，我会打电话叫警察来救你的。"说罢，他绑了冈瑟先生的双手和双腿，把他关在最里面的房间里，并用胶布粘住了他的嘴巴。做完这些，陌生人拿上自己的包，开门走了出去，并将门关紧。

这名陌生人毫不掩饰大大方方地向火车站走去，他已经买好了一张一小时后去往S市的火车票。由于时间还很充足，他还就近去了一家饭馆大吃了一顿，之后才去候车厅买了一份杂志，坐下看书以消磨时间。

很快，火车来了，他跟着人流排队进站，就在他要上火车时，忽然从旁边冲出几名便衣警察一下把他摁倒，并说着："你终于还是露面了。"警察给他戴上手铐，把他押回了警局。

★大显身手★

这是怎么回事呢，警察是怎么认出他的呢？

原来，冈瑟先生把这名陌生人化装成了另一名通缉犯的样子。所以他一在街上露面就被警察盯上了。

关于水的问题

（1）在一个装有水的杯子里，再放上一块冰，此时水的表面刚好上升到杯子的边沿。冰溶化后水会溢到外面来吗？

（2）水池里有一条装载着铜块的船，如果把铜块从船上拿出来，丢进水池，池水深度是否会发生变化？

（3）当一条潜水艇处在水面上、水面下和在深水里这三个不同位置时，哪个位置的浮力大些？

有时一个看似简单的问题会用到很多知识，如果有些问题涉及的知识你还没有学到，可能还理解不了，那么，你就带着这些问题去学习，去寻找答案吧！

★大显身手★

请你用所学知识，解答以上问题。

（1）水结冰后，密度降低，体积增加，而浮在水上的冰所排开的水的重量，就是冰本身的重量，所以结成冰所用的水就是当时冰排开的杯子中水的重量。当冰溶化变成水后，杯中的水面还是在杯子边沿处，不会溢到外面来。

（2）当铜块放在船上时，船所受的浮力等于船和铜块的总重量，即有相当于船和铜块总重量的水量被排开而使水位升高；将船上的铜块丢入水池中后，只排开与铜块同体积的水重。由于铜块的密度比水大得多，所以池水将下降。

（3）由浮力定理可以知道：潜水艇在水中所受的浮力，等于排开同体积的水重。潜艇在水面上时排开的水少，浮力也就少；后两种情况排开的水量是一样的，所以浮力相等。

关于铅笔的思考

某年，一位法学博士为了写一篇论文，对本地区的犯罪行为做了一些分析之后发现，50年来，邻区一所政府资助的专门提供给穷人就读的学校毕业出来的学生犯罪记录最低。

这位法学博士本着探究的精神，在近5年的时间里对所有这所学校毕业的学生进行了解，并对每个人都问了同一个问题："你的学校都教会了你什么？"他一共收到了近4000份回函。在这些回函中几乎3/4的人的回答是一样的，这样东西在他们入学时就要学，因为这是每名新生的第一篇作文：一支铅笔有多少种用途。

★大显身手★

现在如果问你，一支铅笔有多少种用途，你能回答吗？

能写字，毋庸置疑，这是铅笔最基本的用途。再扩展一下思维，想一想，铅笔还有哪些用途？铅笔不仅能用来写字，因为铅笔是笔直的且有一定硬度不会弯曲，所以必要时铅笔还能当尺子用；还可以通过销售铅笔来赚钱；也可以把铅笔作为礼物送给小孩子以鼓励他好好学习；参加舞会时还可以临时救急当作眉笔来用；铅笔的笔芯很滑，可以把它磨成粉当作润滑粉使用；在野外遇到缺水的情况，可以把铅笔中间的芯抽掉当作吸管吸石缝中的水；削铅笔飘下的木屑能够加工做成工艺品；把几支铅笔按照一样的厚度切割成很多小块，贴上标签纸可以做成象棋；还可以作为玩具车的轮子；紧急情况下，削尖的铅笔可以作为武器进行自卫。通过这个提问能让这所学校的每一名学生都知道，拥有智慧的人更是有无数种用途，只要你善于去发现，善于去思考，一定会找到成功的途径。

围巾与礼盒

鞋帽店出售一款非常畅销的围巾。由于冬天的来临，很多人用这款围巾作为礼物，所以鞋帽店特意为这款围巾设计了漂亮的造型，做成一条花的形状，并附上精美的礼盒。这款围巾连同礼盒售价为25元，顾客也可以不要礼盒，只买围巾，鞋帽店会提供普通的手提袋。围巾的价格比礼盒贵20元。

★大显身手★

礼盒的价格是多少，你能够马上说出答案吗？

礼盒的价格是2.5元。

有些人会不假思索地回答说：礼盒的价格是5元。可是这样的话，围巾就只比礼盒贵15元了，而题目要求围巾比礼盒贵20元。只有礼盒2.5元，围巾本身值22.5元，这样，围巾才恰好比礼盒贵20元。

哈佛学生最喜欢的
思维游戏

检测水泥板

工厂用新的生产线生产了一批水泥板，想要检测一下这批水泥板与之前生产的水泥板相比硬度如何。有一名工人提出只要用一个铅球，就可以检测出来。

★大显身手★

你能想出要做一个怎样的试验，来比较水泥的硬度吗？

检测的方法有两个：

（1）各取几块之前生产的水泥板和新生产线生产的水泥板，让铅球从相同高度自由下落，检查铅球落在每块水泥板上的深度，深度浅的硬度大。

（2）让水泥板与地面呈45度角放置，铅球从相同高度滚落，看铅球滚动的远近。铅球滚得远的，水泥板硬度大。

怎样分钱

A、B两名护林工人，一同在保护林中工作。A带了4个包子，B带了7个包子。当他们工作了一段时间正要坐下来吃午饭的时候，一个路过的动物救助人员走过来说："真不巧，我走得太远了，实在太饿，返回工作站还有很远的路，请问可以把你们的食物分给我一些吗？"

A和B同意了。11个包子，3个人平均分着吃了。

吃完之后，动物救助人员从身上掏出11块钱，说："我身上就这点零钱，算是我付的午饭钱吧，非常谢谢你们。"动物救助人员走了，两名护林工人却起了争执。A说："我们一共11个包子，11块钱，那我带了4个包子就分4块钱，你带了7个包子就分7块钱。"可是B不同意，B也不知道该怎么分，但他总觉得这么分不对。

★大显身手★

你知道，这11块钱到底应该怎么分才公平呢？

不能按照A的说法来分，因为这11个包子并不全是动物救助人员吃了，A、B也都吃了各自带的一部分包子。A、B两人所带的包子不一样多，而两人吃的包子却是一样多的，说明A、B两人拿出来分给动物救助人员的包子有多有少。应该按照分给动物救助人员的包子的比例来分配这些钱。

11个包子，3个人平均分着吃了，说明每个人吃了11/3个包子。A有4个包子，自己吃了11/3个包子，那么他分给动物救助人员的就是4-11/3=1/3个包子。B有7个包子，自己吃了11/3个包子，那么他分给动物救助人员的就是7-11/3＝10/3个包子。动物救助人员吃了11/3个包子，共付给他们11元钱，也就是说，每1/3个包子他给了1元钱。

每1/3个包子1元钱。A给了动物救助人员1/3个包子，应该得1元钱。B给了动物救助人员10/3个包子，应该得10元钱。

16

指挥官的妙计

一场战争中，双方交战激烈。其中一方为了加强火力，增加取胜的筹码，就派出了威力强大的炮兵来协助作战。可是炮车队要抵达战场，必须通过一座最大载重量为3.5吨的桥梁，而每辆炮车自身的重量就已经是1.5吨，上面还载着2.5吨重的大炮，其重量已经超过了桥梁所标示的载重量。怎样才能让炮车过桥呢？就在在场的人都一筹莫展之际，炮兵指挥官却突然想到一个办法，他提出了一个可行性方案。按照他的这个方案，炮车队居然顺利地通过了这座载重量为3.5吨的桥梁，并帮助自己的部队赢取了最后的胜利。

★大显身手★

请问，指挥官是如何使总载重超过了桥梁的炮车和大炮顺利地通过了呢？

指挥官的办法是这样的：将大炮从炮车上卸下来，再找来长度大于桥面长度的钢索，将之拴在炮车与大炮之间，这样炮车与大炮的重量就不会同时压在桥上了，然后用一些圆柱形的钢柱放在大炮下面当滚轮，这样炮车就自然可以顺利地将大炮拉过桥去了。

拿演讲稿的听众

文学系今天是演讲日，学院请来几位名人为大家演讲，并允许所有感兴趣的人报名成为听众。戴维特先生今天演讲完，发现在他的一次演讲中他准备的另一份演讲稿被人拿走了。有机会拿这份演讲稿的，只有安东尼、布雷斯和凯勒这三名听众。

（1）那天，这个演讲厅里总共有五场演讲；

（2）安东尼只听了其中的两场演讲；

（3）布雷斯只听了其中的三场演讲；

（4）凯勒只听了其中的四场演讲；

（5）戴维特先生只讲了其中的三场演讲；

（6）这三名听众都只听了两场戴维特先生的演讲；

（7）被怀疑的这三名听众参加这五场演讲的每场演讲上的组合各不相同；

（8）在戴维特先生的一场演讲中，这三名听众中有两名来听了，另一名没有来听。事实证明来听这场演讲的那两名听众没有拿戴维特先生的演讲稿。

★大显身手★

这三名听众中谁拿了演讲稿？

布雷斯拿的。

一、演讲厅里总共有五场演讲，根据三名听众各自听的场数和组合各不相同即可得知：

（1）安东尼、布雷斯和凯勒三人一起听过一场；

（2）安东尼和凯勒听过一场；

（3）布雷斯和凯勒听过一场；

（4）凯勒单独听过一场；

（5）布雷斯单独听过一场。

二、由于每人听了两场戴维特先生的演讲即可得知：

（1）安东尼、布雷斯和凯勒三人一起听过一场；

（2）安东尼和凯勒听过一场；

（3）布雷斯单独听过一场。

三、事实证明来听这场演讲的那两名听众没有拿演讲稿，即可得知，就是两人所听的那场演讲中没来的那位——布雷斯拿的。

费恩斯做蛋糕

一天，另一个开蛋糕店的老板格雷姆来到费恩斯开的蛋糕店，他故意想刁难费恩斯，他说道："我要定做一个蛋糕。"费恩斯问他想要什么样的，格雷姆说道："不要寿司，不要糖，不要巧克力，不要放水果，不要面粉，也不要加水……"他把所有做蛋糕能用的材料都说了一遍，故意为难费恩斯，聪明的费恩斯想了一下说："没问题，到时来取吧！"格雷姆连忙问："什么时候?"

费恩斯回答一句话,格雷姆便不敢再刁难了。

★大显身手★

请问,费恩斯是怎样回答格雷姆的呢?

不是星期一,不是星期二,不是星期三……不是星期天。

塘中浮萍

一名医学院的学生在观察一种细菌的生长,他在一个形状规则的长方形的盒子里做细菌培养,这种细菌每天可以繁殖一倍。20天以后,细菌就可以把盒子表面全部覆盖了。

★大显身手★

请问:要想使细菌覆盖盒子表面的一半,需要多少天?

是19天。这一天,细菌覆盖了盒子的一半。第二天,细菌繁殖一倍，就可以覆盖整个盒子。

很多同学可能会错误地认为是20天的一半——10天，他们一定是用算术级数1、2、3、4……这样的思维来思考了，经研究显示，人们对算术级数的敏感度要远远高于几何级数1、2、4、8……因而很多时候人们思考时思维被错误的比例关系所左右，就会做出错误的结论。

20

宠物狗赛跑

两只宠物狗参加跑步比赛，一只体形较大的宠物狗跑得较快，体形较小的宠物狗跑得较慢。

★大显身手★

当它们都抵达终点时，哪只狗流汗多？

它们都不流汗。大家有没有注意到，天热的时候，狗都喜欢张大嘴巴把舌头伸出来。因为狗的皮肤汗腺不发达，所以它们不通过皮肤排汗，即便是天气很热或者刚刚运动过。狗散发体内热量的方

式是把舌头伸出来，让体内的部分水分通过喉部和舌面排出。

玛格丽特继承遗产

一天，玛格丽特小姐慕名来找大名鼎鼎的沃特侦探。她对沃特侦探说了这样一件事：

"我的叔叔一直单身一人，这些年来，他存了大约有8万元钱，在他去世前，他把自己的财产存放在银行的保险柜里。然后把钥匙留给了我，并写下遗嘱，财产由我继承。三个月前，叔叔不幸病故了，我到银行去取遗产，可是发现保险柜里只有一个信封，我不知道这是什么含义。"

说着，她从自己的包中拿出那个信封。

这是一个很常见的普通的信封。上面贴着两枚陈旧的邮票，除此之外，一个字也没有，没有收信人，也没有寄信人。

沃特侦探仔细端详着信封，然后把它拿到窗前太阳光下对着光线照看，也没有发现什么。沃特侦探沉思了片刻，问道："玛格丽特小姐，你叔叔可有什么特别的嗜好、习惯吗？或是性格古怪吗？"

"我也不太了解，只记得叔叔提过他比较没有安全感，喜欢读侦探小说。"

"哦，原来如此，小姐，你叔叔的财产完好无损，请不必着急。"沃特侦探笑着说。

然后，玛格丽特也恍然大悟地笑了。

★大显身手★

你知道，8万元的遗产到底在哪里吗？

遗产就是那两枚邮票。

天气预报

在欧洲最北端有一座城市，名为哈默菲斯特市，这是一件发生在那里的事情。12月的一天中午，怀特先生在旅馆里一边烤火，一边听收音机。过了一会儿，到了正午12：30，每天这里，收音机就会播报天气预报。

"本市已连下两天大雪，这场雪预计将在16小时后停止。24小时后，本市将会迎来温暖的阳光。"

怀特先生听后很生气，说："广播台的播音员真是越来越不负责了，这种天气预报简直是胡说八道!"

★大显身手★

怀特先生为何如此生气呢?

哈默菲斯特市地处北纬70度以北，从5月17日至7月29日终日可见太阳，而在11月至次年1月间则一片漆黑。夏天是长时间的白夜，冬天则是漫长的黑夜。哈默菲斯特市的冬天不可能出太阳。

气球的用途

杰克四岁了，看到玩具气球想让妈妈给他买一个。他的妈妈珍妮说，"我考考你，你如果能说出气球的用处，我就给你买一个。"杰克只答了一句话，妈妈就高兴地给杰克买了一个。

★大显身手★

你知道杰克说了什么吗？（扩展自己的思维，请尽可能多地说出气球的用途。）

杰克说，"作为小朋友的玩具。"

（作礼物；庆典时放上天空，烘托气氛；大型热气球可作交通工具；升空的气球可以在上面印广告或标语；作信号；作吉祥物；打枪游戏作为打靶目标；作道具；制造炸裂声；作为体育运动器具，如瑜伽球；作为装饰品；搞活动时作为游戏的器材；气球上的图案能丰富孩子想象力；作奖品；用于训练吹气技能；出气的对象。）

哈佛学生最喜欢的
思维游戏

24

怎样分楼房

依耶塔有一栋七层的楼房，他在去世前，写了一份遗嘱，这栋楼房由他的五位亲属——S、T、U、V和W继承。

七层楼房将按以下条件分配：

1. 没有一层楼房可以合分，没有一位继承者可继承三层以上的楼房；

2. 谁继承了第二层楼房，就不能继承其他楼房；

3. 没有一位继承者可以既继承第三层楼房，又继承第四层楼房；

4. 如果S继承了一层楼房或数层楼房，那么U就不能继承；

5. 如果S继承第二层楼房，那么T必须继承第四层楼房；

6. W必须继承第六层楼房，而不能继承第三层楼房。

由此可以推理出：

1. 如果S继承了第二层楼房，那么谁必须继承第三层楼房？

（A）S；（B）T；（C）U；（D）V；（E）W。

2. 如果S继承了第二层楼房，其他三位继承者各继承两层楼房，那么三人当中没人能同时继承下列哪两层楼房？

（A）第一层楼房和第三层楼房；（B）第一层楼房和第六层楼

186

房；（C）第一层楼房和第七层楼房；（D）第四层楼房和第五层楼房；（E）第六层楼房和第七层楼房。

3. 如果U和V都没有继承楼房，谁一定继承了第三层楼房？

（A）只有S继承了三层楼房；（B）只有T继承了第三层楼房；（C）只有W继承了第三层楼房；（D）S和T每人都继承了第三层楼房；（E）S和W每人都继承了第三层楼房。

★大显身手★

请回答以上问题。

1. 根据已知条件2，不能选（A）。根据已知条件4，不能选（C）。根据已知条件3和5，不能选（B）。根据已知条件6，不能选（E）。因此，选（D）。

2. 选（C）。因为根据条件5，T必须继承第四层楼房；根据条件6，W必须继承第六层楼房；根据条件3、4和6，可以推断V将继承第三层楼房，由此剩下的只能是第一、第五、第七这三层楼房。根据题意T、V、W三人每人两层楼房。第一、第五、第七这三层楼房与第三、第四、第六这三层楼房配对，不可能出现第一层楼房与第七层楼房搭配的情况，故选（C）。

3. 选（E）。根据题意只能由S、T、W三人来继承七层楼房，而其中有一人继承第二层楼房后就不可再继承其他楼房，因此，不可能只有一人继承三层楼房。由此看来（A）、（B）、（C）都是错的。现在我们来看（D）、（E）两个选择：根据已知条件6，W

必须继承第六层楼房，由此可以推断，他不可能继承第二层楼房，他必须是继承三层楼房的两人中的其中之一；而且T也不可能继承三层楼房，因为如果S继承了第二层楼房，则第四层楼房只能给T，而W不能继承第三层楼房，这层楼房又得给T，这就违反了已知条件3。因此只有（E）是对的。

剩下的汽水

多蒂最近迷上了一种汽水，这种汽水是装在一个形状与啤酒瓶一样的瓶子里，其上半部分是很细的不规则圆柱形，从上到下逐渐变粗，高度大约为整个瓶高的1/5，之后变成粗细一样的规则圆柱形，高度大约为整个瓶高的4/5。昨天这瓶汽水一买回来，多蒂就一口气喝了小半瓶，今天她又要喝，妈妈拦住了她，对她说："这种汽水很甜，喝多了对牙齿不好，你不能喝这么多。"

多蒂说："妈妈，那我只喝几口好吗？"

妈妈说："好吧，那我考考你，如果你答上来，就让你喝几口。"

"你看，现在瓶子里只剩大半瓶汽水，在不把汽水倒出来的情况下，给你一把直尺。你能知道剩下的这些汽水占整个汽水瓶容积的百分之多少吗？"

多蒂凭着她的聪明，回答了妈妈，喝到了汽水。

★大显身手★

你能知道多蒂说了什么话吗？

先把汽水瓶放置在水平的桌面上，然后用直尺量出汽水瓶里剩下的汽水的高度；再把汽水瓶倒立过来，量出从汽水的上表面到瓶底的高度。汽水在瓶子规则圆柱形部分所占的高度，加上第二次量得的空余部分占汽水瓶圆柱形部分的高度，就是整个汽水瓶的容积。这样，只要用汽水在瓶中的高度除以后面加起来的高度，就可以算出汽水占整个汽水瓶容积的百分数了。

26

飞行的信鸽

妈妈早晨步行去公园散步。刚走了一个小时，爸爸从电视中听到天气预报得知一会儿有阵雨，立即骑车出门去给妈妈送伞。出门

哈佛学生最喜欢的
思维游戏

时，他们养的一只信鸽也同时飞了出去。它飞到妈妈的跟前又立即转回去向爸爸飞去，到爸爸跟前又转回去向妈妈飞去，直到爸爸追上妈妈。已知妈妈步行的速度是每小时4千米，爸爸骑车的速度是每小时20千米，信鸽飞行的速度是每小时100千米，若信鸽掉头的时间忽略不计，当爸爸追上妈妈时，信鸽一共飞了多少千米？

★大显身手★

你能以最快的时间知道答案吗？

如果你试图去算出信鸽每次飞行的距离，那就把问题复杂化了，因为他们二人的位置时刻在变化，他们之间的距离也是在不断地变化（缩小），很难算出结果。其实这个问题换个思路来思考就很简单，因为信鸽是连续飞行的，所有只要算出飞行时间就能算出飞行距离，这个时间就是爸爸骑车追上妈妈的时间，这是很容易求的。答案是：25千米。

钱去哪儿了？

有两位母亲给了她们的女儿一些钱。其中一位母亲给了女儿226元，另一位母亲给了女儿84元钱。但两个女儿却说她们一共只得了226元。

★大显身手★

你知道，剩下的钱去哪儿了吗？

两位母亲和两个女儿实际是三个人（祖孙三代）。